Rund um Meran

W0293565

Henriette Klier

Bergwanderungen rund um Meran

Auswahlführer für das mittlere Etschtal, die Berge des Passeier Tales, den Randkamm der Sarntaler Alpen, die Texelgruppe, die Umrahmung des Meraner Beckens und das Ultental

Mit 51 Farbfotos,
49 farbigen Wanderkärtchen im Maßstab 1: 50 000 sowie
einem farbigen Wanderkärtchen im Maßstab 1: 125 000

BERGVERLAG RUDOLF ROTHER GMBH • MÜNCHEN

Umschlagbild:
Die Höfegruppe Pilsen, 1675 m,
über St. Gertraud im innersten Ultental

Sämtliche Fotos von der Autorin

Kartographie:
Wanderkärtchen im Maßstab 1: 50 000
gezeichnet von Richard Blanke

Die Ausarbeitung aller in diesem Führer beschriebenen Anstiege und Routen erfolgte nach bestem Wissen und Gewissen der Autorin. – Die Benützung dieses Führers geschieht auf eigenes Risiko. – Soweit gesetzlich zulässig, wird eine Haftung für etwaige Unfälle und Schäden jeder Art aus keinem Rechtsgrund übernommen.

3. Auflage 1994
© Bergverlag Rudolf Rother GmbH, München
ISBN 3-7633-4104-8
Gesamtherstellung Rother Druck GmbH, München
(2409 / 41038)

ROTHER WANDERFÜHRER – lieferbare Titel

Achensee • Allgäu 1, 2 • Aostatal • Appenzell • Außerfern • Bayerischer Wald • Berchtesgaden • Berner Oberland West • Bodensee • Bregenzerwald • Chiemgau • Comer See • Dachstein • Dolomiten • Dolomiten 1, 3, 4, 5 • Eifel • Elbsandstein • Ober-, Unterengadin • Gardaseeberge • Gastein • Harz • Hochschwab • Innsbruck • Kaiser • Kärnten • Karwendel • Korsika • Kreta West • Meran • Montafon • Mont Blanc • Osttirol • Ötztal • La Palma • Pinzgau • Pitztal • Rhön • Riesengebirge • Salzkammergut • Sardinien • Sauerland • Schwarzwald Nord, Süd • Seefeld • Stubai • Tannheimer Tal • Hohe Tatra • Tauern-Höhenweg • Tegernsee • Teneriffa • Tessin • Teutoburger Wald • Thüringer Wald • Vierwaldstätter See • Vinschgau • Vogesen • Vorarlberg • Wallis • Walsertal • Wien • Wiener Hausberge • Wildschönau • Zillertal • Zugspitze

Liebe Bergfreunde! Der Bergverlag Rother freut sich über jede Anregung und Berichtigung zu diesem Rother Wanderführer.

BERGVERLAG ROTHER
D-80637 München • Landshuter Allee 49 • Tel. (089) 122130-10

Vorwort

Die Beliebtheit des Wanderns und Bergsteigens hat eine neue Ausgabe des Wanderführers »Rund um Meran« ermöglicht. Neben guter Information soll die überarbeitete Ausgabe des Führers hoffentlich wieder Wanderspaß und Bergabenteuer in unserem sonnigen Süden vermitteln. Die vollständige Erfassung aller Wanderungen zwischen Ulten und Alpenhauptkamm ist in diesem Buch nicht vorgesehen, trotzdem sind wir für Anregungen und Berichte in Bezug auf neue und andere Wege dankbar. In der Welt hat sich in den letzten Jahren viel geändert, unsere Berge und Täler bleiben hoffentlich noch lange so wie sie heute sind.

Unser Gebiet »Meran und Umgebung« umfaßt nicht nur die nähere Umgebung Merans, dazu gehören auch die Berge des Passeiertales bis zum Alpenhauptkamm und zum Jaufenpaß im Norden, der Randkamm der Sarntaler Alpen, die Texelgruppe, die Umrahmung des Meraner Beckens, das mittlere Etschtal und das Ultental. Damit ist zugleich das Burggrafenamt bezeichnet, das einstige Kernstück des alten Tirol.

Dieser Bergraum bietet neben den Wanderungen unter den eisgepanzerten Ötztalern sowie über die zackigen Höhenzüge des Passeier und der Texelgruppe, zahllose Ausflüge in deren Mittellagen, in den Mittelgebirgen des Meraner Beckens, an den sonnigen Hangterrassen, von Dorf zu Dorf, im romantischen Ultental, auf der unendlich weiten Hochfläche des Tschögglberges, bis herab unter die Weinlauben und Apfelbäume des Talgrundes. Ob man die Höhen um 2000 m oder den Talgrund erwandert, stets wird man vom milden und sonnenreichen Klima dieses Landstriches begleitet, das im Hochsommer relative Kühle schenkt und im Herbst und Frühjahr milde Wärme.

Der Reiz der Meraner Bergwelt verbunden mit der südlichen Pracht der Tallandschaften mit Weingärten, Palmen, Kastanienwäldchen, Apfelbaumkulturen, mit den vielen schmucken Dörfern, Kirchen, Schlössern und Edelsitzen kann man nicht bei einem einzigen Besuch erfassen. Dieser fast paradiesische Raum erscheint durch Kultur, Klima, Heiterkeit und Lebenskunst begünstigt, und es verwundert nicht, daß dies durch das Zusammenwirken von nördlichem und südlichem Klima, von verschiedenen Sprachen, Kulturen, Weinen, Früchten, Religionen entstanden ist. Er ist zu etwas geworden, was es sonst wohl nirgends in dieser Form gibt, und dessen Einheit und Vielfalt nicht trennend, sondern fördernd und befruchtend wie in den vergangenen tausend Jahren weiterwirken sollte.

Innsbruck, im Frühjahr 1994 — Henriette Klier

Inhaltsverzeichnis

Touristische Hinweise

Gebrauch des Führers

Das Inhaltsverzeichnis informiert über den Aufbau des Buches und gibt einen Überblick über alle nachstehend beschriebenen Wanderwege. Innerhalb eines Tourenvorschlags findet man wichtige Informationen zunächst in Form eines Steckbriefs. Es folgt eine eingehende Würdigung, sodann eine kurze Beschreibung des entsprechenden Weges. Ergänzt wird der Text durch eine mehrfarbige Wanderkarte mit eingezeichneter Route und einem Farbbild. Wichtiger Bestandteil des Führers ist das Stichwortverzeichnis am Schluß. Hier sind alle behandelten Berggruppen, Talorte, Ausgangspunkte, Stützpunkte und Tourenziele angeführt. Es bereitet daher keine Schwierigkeit, je nach eigenem Standort verschiedene Wandermöglichkeiten nachzuschlagen. Schließlich informiert eine Übersichtskarte über die Lage der behandelten Tourengebiete.

Anforderungen

Alle im Führer beschriebenen Wege sind leicht und können mit entsprechender Bergwander-Ausrüstung (feste Schuhe und passende Bekleidung) oft gut bis in den Spätherbst hinein begangen werden. Dies sollte jedoch nicht darüber hinwegtäuschen, daß manche Stellen Trittsicherheit und Schwindelfreiheit erfordern.
Um die jeweiligen Anforderungen besser einschätzen zu können, wurden die Tourenvorschläge mit verschiedenen Farben markiert. Diese erklären sich wie folgt:

BLAU

Der Weg ist gut und lückenlos markiert, ausreichend breit und nur mäßig steil, daher auch bei Schlechtwetter relativ gefahrlos zu begehen. Diese Wege können auch von Kindern und älteren Leuten ohne große Gefahr begangen werden.

ROT

Diese Steige sind ausreichend markiert, überwiegend aber schmal und über kurze Abschnitte bereits etwas ausgesetzt. Kurze Strecken dieser Steige können bereits mit Drahtseilen gesichert sein und sollten daher nur von trittsicheren, mit entsprechender Ausrüstung ausgestatteten Bergwanderern begangen werden.

SCHWARZ

Diese Steige sind ebenfalls ausreichend markiert, aber schmal und über weite Abschnitte steil angelegt. Stellenweise können sie sehr ausgesetzt sein, manchmal wird die Zuhilfenahme der Hände notwendig. Dies bedeutet, daß diese Wege nur von absolut trittsicheren, konditionsstarken und alpin erfahrenen Wanderern angegangen werden sollten.

Gefahren
Obwohl die meisten der hier angeführten Wanderungen gebahnten Wegen oder Straßen folgen, ist an einzelnen abrutschbereiten Stellen, bei Querung steiler Hänge oder im steinschlaggefährdeten Gelände Vorsicht am Platze.

Ausrüstung
Feste Schuhe mit Profilgummisohle, Kniebundhose sowie Rucksack mit Pullover, Regenschutz, Anorak und kleinerem Tourenproviant (Wasserflasche!) sind bei den meisten Touren Voraussetzung.

Karten
Die den einzelnen Wandervorschlägen beigegebenen, mehrfarbigen Karten mit Routeneintragungen sind ein wesentlicher Bestandteil des Führers. Mit ihnen erübrigt sich dann auch die Mitnahme anderer Wander- und Spezialkarten.

Gehzeiten
Zeitangaben sind zwar reichlich bemessen, enthalten jedoch nur die reine Gehzeit. Es werden Anstiegs- und Abstiegszeit vermerkt. Bei Rundwanderungen oder längeren Touren sind auch Zeiten für einzelne Etappen angeführt.

Schutzhütten, Gaststätten, Restaurants
Im Abschnitt »Einkehrmöglichkeiten« findet man alle an einer Wanderroute gelegenen, zur Sommerzeit geöffneten Stützpunkte.

Künstliche Aufstiegshilfen
Von Stützpunkten, die mit Seil- oder Sesselbahn erreichbar sind, werden einige Wanderungen im Abstieg beschrieben. Man beachte, daß diese Anlagen oft nur während der Sommermonate Juli, August und September in Betrieb sind. In der übrigen Zeit können solche Tourenziele bzw. Ausgangspunkte nur zu Fuß erreicht werden.

Wissenswertes

Sehenswürdigkeiten

Pfelders, 1628 m, im Pfelderer Tal. Das 23 km lange Tal, von Moos über Platt auf einer Straße erreichbar, ist durch eine neue Straße erschlossen. Ein wildes, gletscherumrahmtes Hochtal. Pfelders, ein in den letzten Jahren gewaltig gewachsenes Feriendorf, ist mit allen Möglichkeiten für Sommer- und Wintersport ausgestattet.

St. Leonhard in Passeier, 689 m. Vielbesuchter Hauptort des Passeiertales, Ausgangspunkt für Wanderungen und Bergtouren. Der in letzter Zeit sehr gewachsene Ort breitet sich in der Talweitung am Zusammenfluß der vom Timmelsjoch herabfließenden Passer und des von Osten kommenden Waltenbaches aus. Durch die Erschließung dieser beiden Täler durch Straßen, Timmelsjochstraße und Jaufenpaß (nur im Sommer), sind auch die angrenzenden Orte besser zugänglich geworden. In der Nähe von St. Leonhard befinden sich vier der historischen Schildhöfe. Der Jaufenpaß war bis ins 14. Jh. der am meisten benutzte Weg vom Brenner über Sterzing nach Süden. – Pfarrkirche zum Hl. Leonhard, bereits 1116 geweiht, ihre heutige Gestalt erhielt sie im 16. Jh. St. Georgskapelle am Friedhof, 1433. Die Ruine Jaufenburg oberhalb des Ortes ist sozusagen das Wahrzeichen des Ortes; einst Wohnsitz der einflußreichen Herren von Passeier und der Grafen Fuchs. Unterhalb der Jaufenburg die Heilig-Kreuz-Kapelle aus dem 16. Jahrhundert. Franzosenfriedhof aus dem Jahr 1809.

Wirtshaus Sandhof, südlich von St. Leonhard an der Straße. Geburts- und Wohnhaus Andreas Hofers, des Anführers der Tiroler im Kampf gegen Napoleon von 1809. Neben dem Gasthaus kleines sehenswertes Museum mit Erinnerungsstücken. Darüber zwei Kapellen.

St. Hippolyth auf Glaiten, 1200 m, oberhalb des kleinen Ortes Glaiten über St. Leonhard. Ein Hügelheiligtum, das weit in prähistorische Zeiten zurückreicht. Das heutige Kirchlein aus dem 14. Jahrhundert mit sehenswerten Fresken steht auf einem der aussichtsreichen Plätze des Passeiertales. Schlüssel beim Bauernhof unterhalb.

Die Passeirer Schildhöfe. Bei der Fahrt durch das Passeiertal fallen mehrere burgartige Gebäude besonders auf. Es sind dies die sogenannten »Schildhöfe«. Einige besitzen noch Türme, andere zeigen sich als behäbige Bauernhöfe und Gaststätten. Die einstigen Besitzer dienten bereits dem Grafen Albert von Tirol (1190 – 1253) als Schildknappen. Später erhielten sie Adelsrechte. Die Schildhofbesitzer waren auf Lebenszeit von jeder Art von Steuer befreit,

Die inneren Seitentäler zeigen uns noch unverbaute grüne Ferienlandschaft; hier das Wannser-Sailer-Tal.

dafür mußten sie dem Landesfürsten gerüstet mit einem Pferde dienen. Heute kennt man 11 Schildhöfe im Vorderpasseier, wovon besonders Saltaus, an der Straße, und Steinhaus oberhalb von St. Martin ins Auge fallen. Gomion, westlich von St. Leonhard, ist der höchste davon. Psair, besonders eindrucksvoll mit Turm südlich über St. Martin, wird heute nicht mehr als solcher geführt. Bei feierlichen Anlässen treten die Schildhofbauern auch heute noch mit Schild (mit Wappen verziert) und Hellebarde auf.

St. Martin, 600 m. Südlich von St. Leonhard, 16 km ab Meran an der westlichen Talseite an der Passer gelegen. Hat sich in den letzten Jahren zu einem ausgedehnten Ort mit Fremdenverkehr und einer Kleinindustrie entwickelt. Ausgangspunkt für viele Wanderungen. Moderne Hotels und zahlreiche Gaststätten. Besonders schön der alte Ortskern mit den schmalen Gassen und erkergeschmückten Häusern. Westlich über dem Ort beherrschend der Schildhof Steinhof, am Ortseingang der ehemalige stolze Hof Psair. An der östlichen Talseite zieht sich die Siedlung Prantach weit hinauf. Im Wald droben die Pfandleralm, die letzte Zufluchtsstätte Andreas Hofers, wo er am 28. Januar 1810 von den Franzosen unter Anführung des Verräters Franz Raffl gefangen genommen wurde. Erschossen in Mantua am 20. Februar 1810.

Saltaus, 659 m. An der Straße südlich von St. Martin gelegen. Kleiner Ort, der sich um den gleichnamigen Schildhof schart. Seine heutige Gestalt mit Zinnen erhielt er im 16. Jh. Schöne Balkendecke im Saal. Das prächtige gotische Portal mit dem steinernen Wappen der Herren von Passeier stammt vom abgebrannten Hof Kammerfeit. Bei Saltaus endet das Passeier und es beginnt nach Süden hin das Burggrafenamt, der Masulbach bildet die Grenze. In der Nähe des Schildhofes Saltaus die Dreifaltigkeitskapelle mit schönem Fresko. – Seilbahn nach Klammeben, Hirzer Hütte, Talstation unter der Straße. Ausgangspunkt für Wanderungen im Hirzer-Gebiet.

Riffian, 500 m. Auf dem sonnigen Hang am Eingang des Passeiertales gelegen, 5 km ab Meran. Wallfahrtskirche oberhalb des Ortes, von den Bewohnern der Gegend viel besucht. Sehenswert die Friedhofskapelle mit schönen Fresken. Am Oberrand des Ortes der Waalweg.

Dorf Tirol, 640 m. Auf der sonnenreichen Terrasse oberhalb von Meran gelegen. Der Ort besitzt eine große Zahl von Hotels, Gaststätten und Pensionen und ist ein beliebtes Feriendomizil geworden. Ausgangspunkt für Wanderungen in allen Höhenlagen. Der Name Tirol scheint wohl ursprünglich Steig oder Verbindungsweg bedeutet zu haben, dann wurde der Name auf die Siedlung an diesem Paßweg übertragen, dem heutigen Dorf Tirol. Die Grafen von Vinschgau, die ersten Herren von Tirol, gaben ihrer Residenz diesen Namen, Schloß Tirol. Schließlich nannten sie sich Grafen von Tirol, erstmals 1141. Der Name wurde schließlich auf das ganze Land übertragen.

Schloß Tirol. Die teilweise wieder hergestellte Burg mit dem mächtigen Turm, das Wahrzeichen Merans und des Landes im Gebirge, steht westlich von Dorf Tirol am Hang auf einem Moränenrücken in beherrschender Lage über dem Meraner Talkessel. Einst Dynastenburg, verfiel das Gebäude, nachdem auch die Regierenden zuerst ins Tal, dann nach Innsbruck übersiedelten. Heute noch erhalten sind der geräumige Rittersaal mit dem berühmten Blick aus den Doppelbogenfenstern ins weite Etschtal, die doppelgeschossige Burgkapelle mit frühgotischen Fresken.

Zenoburg, über der Gilfenklamm gelegen, wurde später als Sitz der Grafen von Tirol gewählt, 1290 von Herzog Meinhard II. als Residenz ausgebaut. Die Burg wurde 1347 zerstört. Erhalten der Burgfried und die zweigeschossige romanische Burgkapelle mit prächtigen Fresken. Hier befindet sich der älteste Tiroler Adler am Portal eingemeißelt.

St. Peter, westlich von Schloß Tirol am Kronsbichl gelegen. Eines der ältesten Heiligtümer des Landes. Unter der heutigen Kirche Funde aus spätantiker Zeit. Urkundlich belegt 1178. Frühromanische Baubestandteile.

Brunnenburg, im Mittelalter eine der Burgen, die von den Ministerialen der Grafen von Tirol im Umkreis des Herrschersitzes Schloß Tirol erbaut werden durften. Im 19. Jh. im neugotischen Stil restauriert. Zuletzt im Besitz von Ezra Pound, dessen Enkel es bewohnt und ein landwirtschaftliches Museum hier eingerichtet hat. In aussichtsreicher Lage unterhalb von Schloß Tirol.

Schloß Thurnstein, westlich von Schloß Tirol. Sitz vieler Adelsgeschlechter, heute in Privatbesitz. Gaststätte. Bereits in prähistorischer Zeit besiedelt.

Schloß und Ort Schenna, 640 m. In unmittelbarer Nachbarschaft von Meran gelegener beliebter Ferienort in sonniger und aussichtsreicher Lage, inmitten der Obstkulturen, Weingärten und Kastanienhaine zu Füßen des Ifinger. Zahlreiche Hotels, Pensionen und Gaststätten. Wahrzeichen Schennas sind Schloß Schenna, die Pfarrkirche und das Mausoleum für Erzherzog Johann. Schloß Schenna war neben Schloß Tirol die bedeutendste Burg um Meran. Ein Teil der Burg kann besichtigt werden, außerordentlich prunkvolle Einrichtung, u. a. die Wiege Andreas Hofers.

Schloß Gojen, unterhalb von Schenna, eine der schönsten Burganlagen hoch über dem Naiftal. Die Bauten erstrecken sich über drei Geländestufen. Besichtigung möglich.

Kirche von Riffian inmitten der Obstgärten.

Haflingerpferde beim Leadner Alpenhaus auf der Haflinger Hochfläche.

Hafling, 1290 m, liegt am Westrand des großen Hochplateaus (27 Quadratkilometer groß), östlich über dem Etschtal, am Rand des Tschögglbergs. Mit den weiteren Orten Vöran und Mölten heute ein beliebtes Wander- und Erholungsgebiet mit Mittelgebirgsklima, vor allem für weniger geübte Gipfelstürmer. Über 50 km Wege stehen zur Verfügung. Hafling erreicht man auf einer Straße, die südlich von Meran abzweigt. Nach Vöran bringt eine Seilbahn hinauf. Mölten ist über ein Sträßlein erreichbar. Bis Etschblick führt von Vilpian an der Talstraße eine Bahn. – Kirchlein St. Katharina in der Scharte, 1245 m, unterhalb des Ortes, ein Wahrzeichen des Landschaftsbildes über Meran. Im gotischen Stil auf romanischen Resten im 13. Jh. erbaut. Schöne Fresken. – Pfarrkirche von Hafling auf einem Hügel. Besonders interessant eine Pophyrplatte an der Außenmauer mit vorchristlichen Symbolen: Mensch mit Lebensbaum, Sonnenscheibe, Schlange. – Gasthof Sulfner; die berühmten Haflinger Pferde kann man hier für einen Ausritt mieten.

Meran, 300 m. 33.000 Einwohner. Internationale Kur-, Sport- und Handelsstadt. Im weiten Talbecken am Zusammenfluß von Passer und Etsch gelegen. Wirtschaftlicher und kultureller Mittelpunkt des Burggrafenamtes. Klimatisch besonders begünstigt, da die mächtigen Berge der Texelkette, 3000 m hoch, im Norden die ganze Talgegend vor rauhen Nordwinden schützen, die nach Süden offene Talfurche des Etschtales gewährleistet eine lange Sonnenscheindauer und läßt die warmen Luftströmungen aus dem Süden heraufstreichen. Kurzentrum mit allen modernen Einrichtungen; eine Vielzahl gediegener Hotels und Pensionen, luxuriöse Geschäfte bewirken, daß Meran das ganze Jahr Saison hat. Die fast tropische Vegetation der

Kuranlagen und am Tappeiner Weg, die umliegenden Weingärten und üppigen Obstgärten sind nicht allein das Werk des milden Klimas, sondern vor allem ein Ergebnis des Fleißes und der Zähigkeit der Bewohner. Meraner Lauben (Gewölbe) mit schönen Geschäften und alten Bürgerhäusern. Vom Kornplatz in einer Länge von fast 400 m erstrecken sie sich bis zum Pfarrplatz. Die Landesfürstliche Burg, in der Mitte von Alt-Meran gelegen, war eine Zeit lang Residenz der Grafen von Tirol. Das Innere ist zu besichtigen. Das Städtische Museum birgt Fundstücke aus der Umgebung. Hier werden viele Kunstschätze aus Kirchen aufbewahrt. Die Pfarrkirche St. Nikolaus, deren auffallender Turm ein Wahrzeichen der Altstadt ist, steht am oberen Ende der Lauben. Anfang des 14. Jahrhunderts erbaut. Wertvolle Fresken und ein gotischer Flügelaltar. Neben der Pfarrkirche die zweistöckige gotische Friedhofskapelle. Spitalskirche zum Hl. Geist aus dem 15. Jahrhundert. An den Seitenaltären Bilder und Reliefs aus der Zeit um 1500. Ebenso eine bedeutende Kreuzigungsgruppe aus dem 14. Jahrhundert. Das Bozner Tor, ein mächtiger Quaderbau, trägt an seiner Südseite einen gemalten Doppeladler, im Innern das Henkerstübchen. In der Umgebung Merans zahlreiche Schlösser und Burgen.

Algund, 355 m, westlich von Meran, inmitten fruchtbarer Obst- und Weinkulturen. Eine der ältesten Siedlungen im Burggrafenamt. Weitverstreute Ortschaft. In der Nähe, bei Mitterplars, führte die Via Claudia Augusta der Römer über den Jaufen nach Sterzing. Hoch über Algund die Terrasse mit dem Örtchen Vellau. Ausgangspunkt von Wanderungen, Sessellift von Algund nach Vellau vom Ortsrand. Schöne alte Pfarrkirche mit dem im 15. Jahrhundert errichteten Chor und romanischem Langhaus. Die neue Pfarrkirche ist ein moderner Bau.

Partschins, 642 m, 8 km westlich von Meran am Eingang des Zieltales auf einem sonnigen Murkegel. Obwohl viele neue Bauten errichtet wurden, hat der Ortskern sein ursprüngliches Gesicht behalten. Von Wein- und Obstpflanzungen umgeben und im Norden von der 3000 m hohen Zielspitze überragt. Sehenswert die Stachelburg am Nordwestrand des Ortes mit wuchtigem Viereckturm. Ansitz Spauregg am Ostrand inmitten eines Parks mit zwei Mammutbäumen. In der Pfarrkirche befindet sich das Grabmal für Peter Mitterhofer, dem verkannten Erfinder der ersten Schreibmaschine. Der Ort ist Ausgangspunkt für Spaziergänge Richtung Plars und Algund, auf den Naturnser Sonnenhang und vor allem ins Zieltal und die angrenzenden Orte.

Marling, 368 m, an der Westseite des Etschtales südlich von Meran. Am Fuß des dichtbewaldeten Marlinger Berges, von Weingärten mit prächtigen Ansitzen umrahmt. Schloß Lebenberg, südlich von Marling über Tscherms. Mächtiger Baukomplex aus dem 12. Jahrhundert.

Lana, 289 m, weit auseinandergezogener Ort an der Westlehne des Etschtales. Ober-, Mittel- und Niederlana, sowie die Fraktion Völlan auf dem Mittelgebirge. Hier mündet das Ultental. Die Ultener Straße zweigt in Oberlana nach Westen ab. Außerordentlich angenehmes Klima bewirkt, daß Lana immer mehr zu einem beliebten Ferienort wird. Zentrum des Südtiroler Obstbaues mit erstem Südtiroler Obstbaumuseum. – Besonders sehenswert und ein Kunstschatz von großer Schönheit ist der berühmte gotische Flügelaltar in der alten Pfarrkirche von Niederlana, geschaffen von Hans Schnatterpeck um 1500. Dem konservativen Denken der Bürger und Bauern von Lana ist es zu verdanken, daß dieser Altar nicht wie fast alle anderen durch barocke Prunkbilder ersetzt und zerstört wurde (Besichtigung nur wochentags). Von der Pfarrkirche nur wenige Minuten bergwärts zu den Waldspaziergängen entlang der Waalwege. In der Umgebung mehrere Ansitze inmitten der Weinberge.

St. Helena, 1532 m, im Ultental, liegt im Wald in romantischer Einsamkeit westlich über St. Pankraz am Eingang des Kirchbachtales.

Das *»Häusl am Stoan«* westlich von St. Pankraz unterhalb der Talstraße. Eine vielbestaunte Kuriosität. Bei einer großen Überschwemmung, die alles wegriß, blieb nur dieses Häuschen stehen.

St. Moritz im Ulten, 1640 m. Angeblich ältestes Kirchlein des Tales. Es lag an dem Saumweg, der ehemals vom Nonstal über Tarsch ins Vinschgau führte. Gotische Hügelkirche von einer in der typischen Ultner Holzbauweise errichteten Häusergruppe umgeben. 1¼ Std. von St. Nikolaus.

St. Nikolaus im Ulten, einer der letzten Orte mit wenig neuen Bauten und noch von ursprünglichem Dorfcharakter. Auf der Sonnenseite mehrere sehenswerte Höfe. Der Thurnerhof oberhalb der Kirche mit Steinbildern in der Mauer, die malerische Höfegruppe Schwienbacher.

St. Gertraud, 1400 m. Sehr schöner Kirchenbau auf dem Hügel über dem Tal. Ebenfalls von der Talstraße im hintersten Talgrund des Ultentals leicht erreichbar. Gaststätten unterhalb der Kirche.

Schalensteine. Sehr interessant für das Burggrafenamt ist das konzentrierte Vorhandensein von sogenannten Schalen- und Kreuzsteinen. Es sind dies größere Felsplatten, die näpfchenartige Vertiefungen, kreisrund ausgerieben, in verschiedener Anordnung, oft in größerer Anzahl aufweisen. Neben den in besonderer Weise angeordneten Schalen finden sich auch vielfach Kreuze ausgekerbt. Vor allem entlang alter Wander- oder Fernwege, an besonders aussichtsreichen oder ausgesetzten Stellen.

Waale. Das sind Bewässerungsanlagen, die das Wasser von weit entlegenen und höher droben liegenden Wasserquellen auf die trockenen Hänge darunter leiten. Sie ziehen sich kilometerlang die Hänge entlang. Der Name leitet sich vom romanischen Aquale ab und bezeichnet einen Kanal. Für die Instandhaltung und Bedienung führt auch stets ein Weg neben dem Wasserlauf. Heute sind die Waale teilweise zugeschüttet, teilweise läuft das Wasser unterirdisch in Rohren. Nur die Wege sind erhalten und dienen als äußerst erholsame Spazierwege, da sie ja ohne nennenswerte Steigung dahinführen.

Ausflugsziele

Timmelsjoch, 2500 m (Mautstraße), und *Jaufenpaß*, 2100 m, sind die beiden Einfallstore von Norden über den Alpenhauptkamm. Beide Pässe sind nur im Sommer geöffnet. Seit prähistorischen Zeiten begangen.

Rabenstein, 1419 m, im Rabensteiner Tal, dem obersten Teil des Passeiertales. Urtümliches Örtchen in einer kleinen Talverflachung.

Ulfas, 1300 m, auf einer Hangterrasse südlich über der Passerschlucht bei Moos gelegen. Auf einer Straße erreichbar. Herrliche Lage.

Stuls, 1317 m, auf der Sonnenterrasse oberhalb (nördlich) der Passerschlucht zwischen Moos und St. Leonhard gelegen. Herrlicher Aussichtsplatz. Auf einer Straße erreichbar, die nach der zweiten großen Kehre oberhalb von Moos von der Talstraße abzweigt (Hinweisschild). Von Stuls schöner, ebener Spaziergang zum Aussichtspunkt Glaiten, 1200 m.

Wanns (St. Johann), 1430 m, im innersten Waltener Tal, unter dem Jaufenpaß gelegen. Kleine Häusergruppe mit romantischem Kirchlein am Ende der befahrbaren Straße, die etwas talwärts von Innerwalten von der Jaufenstraße abzweigt. Idyllischer Ort am Waldrand am Beginn des Wannser Hochtales.

Prantach, 1200 m. Am Osthang über St. Martin gelegen, mit schönen Ausblicken ins Tal und auf die Texelberge. Gaststätten; am obersten Rand der Siedlungshänge der Pfandlerhof, von wo aus man in einer halben Stunde die Pfandleralm erreichen kann. Unter dem Gruberhof die alte Hofkapelle.

Schildhof Steinhaus, westlich auf einem Hügel über St. Martin gelegen, einer der heute noch so benannten 11 Schildhöfe im Passeier.

Saltaus, 490 m, ehemaliger Schildhof, der seine jetzige Gestalt einem späteren Umbau verdankt. Über dem Eingang altes Steinwappen.

Klammeben, 1980 m, Bergstation der Hirzer-Seilbahn, die von Saltaus auf die aussichtsreiche Almfläche der Hirzerhütte emporführt. Die Alm und die Hütte erreicht man auf bequemen Wegen.

Obertall, 1400 m, Mittelstation der Hirzer-Seilbahn. Von Wiesenhängen und Wäldchen umgeben. Ausgangspunkt für leichte Rundgänge. Gasthof.

Vernuer, 1100 m, *Gfeis*, 1200 m, *Öberst*, 1387 m, kleine Orte hoch über dem Passeier auf dem Westhang über Saltaus gelegen.

Taser, 1450 m, Bergstation der Seilbahn oberhalb von Schenna. Leicht erreichbarer Aussichtspunkt.

Hochmuter, 1350 m, Bergstation der Hochmut-Seilbahn über Dorf Tirol. Vor allem während der Saison vielbesuchter Aussichtspunkt und Ausgangspunkt für zahlreiche Wanderungen. Start, Zwischenstation oder Endpunkt der Wanderungen auf dem Meraner Höhenweg.

Vellau, 900 m. Kleiner Ort auf der steilen Hangterrasse oberhalb Algund. Auf einer Straße oder mit Sessellift von Algund herauf erreichbar. Schöne Lage hoch über dem Tal. Ausgangspunkt für Wanderungen. Auffahrt mit dem Lift zur Leiteralm (Meraner Höhenweg).

Vigiljoch, 1486 m, Bergstation der Seilbahn von Oberlana. Von dort herrliche Aussicht auf das Meraner Becken und die umliegende Bergwelt, allerdings noch umfassender vom Vigiljoch selbst, das man mittels Sessellift, oder zu Fuß in ¾ Std. auf bequemen Wegen erreicht. Talwanderungen von der Seilbahn-Bergstation nach Lana oder ins Ultental.

Ultental. Mit seinen schmucken Talorten St. Pankraz, St. Walburg, St. Nikolaus und St. Gertraud ist es immer einen Besuch wert. Ab St. Nikolaus noch weitgehend ursprünglich erhaltene Landschaft.

Schwemmalmlift, Breiteben-Bergstation, 1900 m, in aussichtsreicher Lage am Sonnenhang über dem Zoggler Stausee. Zahlreiche gemütliche Wanderungen.

Weißbrunner See, 1900 m, im hintersten Ultental. Auf Straße erreichbar. Wanderung am Seeufer, mehrere Gaststätten.

Völlan, 714 m, auf dem Tisener Mittelgebirge oberhalb von Lana gelegen. Von der Gampenstraße, die oberhalb von Lana abzweigt, leicht erreichbar. Beliebter Ferienort inmitten eines reichen Kulturlandes.

Naturschönheiten

Stulser Wasserfall. Westlich unter Stuls stürzt das Wasser des Baches, der von den Stulser Wiesen herabkommt, in mehreren Stufen 230 m tief bis fast auf die Talstraße herab. Dritthöchster Wasserfall Europas.

Naturpark Texelgruppe. Ein Großteil unseres Wandergebietes fällt in den Bereich des Naturparks. Als Schutzzone gilt das Gebiet zwischen dem Etschtal im Süden, dem Schnalstal im Westen, dem Passeier im Osten und dem Alpenhauptkamm im Norden. Alle ganzjährig bewohnten Berghöfe oder Siedlungen dieses Raumes liegen außerhalb des Parks. Hier finden wir ein an Naturschönheiten reiches und noch größtenteils unverbautes Gebiet. Neben den Seen treten besonders die vielen Bäche und ihre Kaskaden in Erscheinung, die Vielfalt der Klimazonen bringt eine besondere Mannigfaltigkeit an Fauna und Flora hervor. Strenge Schutzbestimmungen.

Spronser Seen. Im Herzen der Texelgruppe auf einer Höhe von 2100 m bis fast 2600 m Höhe liegen mehrere große (z. B. der 2 km lange Langsee) und eine Unzahl kleinerer klarer Bergseen, umgeben von einer bizarren Felskulisse. Es ist dies die größte hochalpine Seengruppe Südtirols. Durch die Benützung der Seilbahn von Dorf Tirol zum Hochmuter und den ausgebauten Weg ins Spronser Tal sind die Seen relativ leicht erreichbar. Es bedarf aber immerhin einer vollen Tagestour, um ihre Schönheiten zu entdecken.

Partschinser Wasserfall. Im inneren Zieltal gelegen, nahe dem Ende der befahrbaren Straße von Partschins herauf. Mit fast 100 m Höhe ist er einer der höchsten Wasserfälle Südtirols.

Südliche Vegetation über Meran am Tappeinerweg. Am Rand dieser fast ebenen Promenade, die zu allen Jahreszeiten begangen werden kann und eine der Sehenswürdigkeiten Merans darstellt, finden wir schon im Vorfrühling blühende Sträucher, ebenso den ganzen Sommer über bis in den späten November und Dezember: Pinien, Zypressen, Palmen, Kakteen, Lorbeer, Mimosen, um nur einige der auffallenden Gewächse zu nennen.

Ultener Hochgebirgsseen. Zwar kann das Ultental nicht mit einem Naturwunder wie dem der Spronser Seenplatte aufwarten, aber seine Hochgebirgsseen entbehren nichts von der zauberhaften Schönheit und Ruhe eines heute so seltenen Naturwunders unverschmutzter Landschaft: die Drei Seen unter dem Rontscher im innersten Kirchbachtal, die farbenschönen Kofelraster Seen, der Grünsee, Langsee und Fischersee über Weißbrunn, Haselgruberseen unter dem Rabbijoch, der Hochwartsee unterm Ultener Hochwart, der Laugensee unter der Laugenspitze, der Falkomaisee über St. Pankraz.

1 Seewersee und Seewertal

Zum Fuß der Eisriesen des Ötztaler Hauptkammes

Timmelsjochstraße – Obere Glaneggalm – Seewersee – Seeweralm – Timmelsjochstraße

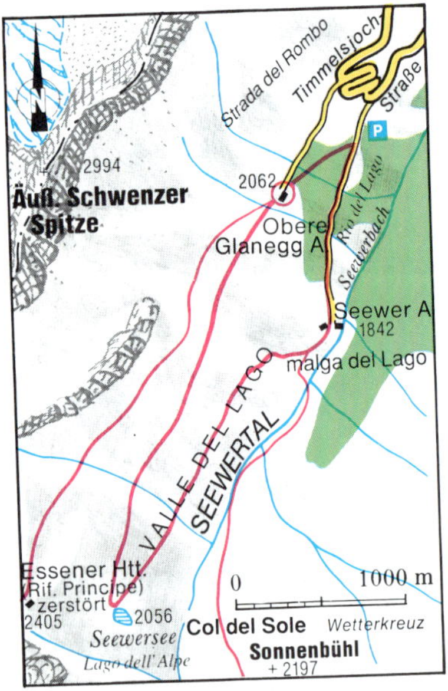

Talorte: Obergurgl, 1927 m, im innersten Ötztal, nördlich unter dem Timmelsjoch gelegen. Von hier über die Timmelsjochstraße und das Joch (Staatsgrenze, Grenzübergang, nur im Sommer passierbar). Untergurgl. St. Leonhard in Passeier, 688 m, 24 km ab Timmelsjoch im Talbecken am Zusammenfluß der Passer und des Waltenbaches gelegen. Ausgangspunkt für zahlreiche Wanderungen. Busverbindungen ins Timmelstal, zum Jaufen und nach Meran. Der Grenzübergang Timmelsjoch ist geöffnet von 7.00 – 20.00 Uhr, Anfang Juni bis Mitte Oktober, witterungsbedingt.

Ausgangspunkt: Parkplatz westlich der Timmelsjochstraße. Erreichbar von der Rechtskehre hinter (bergwärts) dem Gasthaus Hochfirst auf einer Schotterstraße, wo die Straße nach Überqueren des Timmelsbaches ins Seewertal nach Westen einbiegt. Kommt man von der Jochhöhe, ist es die letzte Kurve, bevor die Straße nach Osten ins Timmelstal führt.

Parkmöglichkeit: Parkplatz westlich der großen Kehre der Timmelsjochstraße.

Gehzeiten: Parkplatz – Obere Glaneggalm 25 Min., Obere Glaneggalm – Seewersee 1 Std., Seewersee – Seeweralm und Parkplatz 1 Std. 20 Min.

Anforderungen: Im Sommer vielbegangene, gut ausgebaute Steige. Außer dem Anstieg zur Glaneggalm fast ebener Weg.

Höchste Punkte: Obere Glaneggalm, 2062 m, Seewersee, 2056 m.

Einkehrmöglichkeiten: Ghs. Hochfirst an der Straße, Seeweralm.

Sehenswertes: Blick auf die Berggestalten im innersten Talgrund.

Diese kleine bequeme Rundwanderung führt ohne besonderen Aufwand in die Hochgebirgswelt der Ötztaler Berge. Der innere Talgrund, in dem der Seewersee liegt, wird überragt von Granatenkogel, 3318 m, Hochfirst, 3403 m, und Seewerspitze, 3286 m, dem südlichen Eckpfeiler, wo dann nach Westen der Hauptkamm weiterzieht, nach Nordosten hingegen der zackige Felskamm abzweigt, der das kleine Seewertal im Süden gegen das Passeier-

Der Seewersee unterm Timmelsjoch im obersten Passeier.

tal und das Pfelderer Tal begrenzt. Das Gebiet um den Seewersee ist besonders für den Mineraliensammler interessant. Der Granatenkogel mit seinen ehemals berühmten Fundstätten an Granaten ragt südwestlich des Sees auf.

Vom Parkplatz zum Seewersee: Vom Parkplatz führt ein Steig zur Oberen Glaneggalm empor. Von den Almhütten folgt man leicht aufwärts dem Steig, der über die steinigen Almhänge südwestwärts, eine Gräben querend, hineinführt auf die kleine Anhöhe oberhalb des Sees. Nun kurz hinab zum See, der inmitten eines breiten sumpfigen Grasgürtels liegt.

Vom Seewersee zum Parkplatz: Als Rückweg benützt man den Steig, der vom nördlichen Seeufer über die steilen Hänge hinunterführt zur Seeweralm. Von dort auf dem Zufahrtsweg zum Parkplatz zurück.

2 Rauhjoch, 2661 m

Aussichtspunkt inmitten der Ötztaler Berge

Parkplatz Timmelsjochstraße – Seeweralm – Sunnbichl – Scheibsee – Rauhjoch – Scheibsee – Seewertal – Parkplatz

Talorte: Obergurgl, 1927 m; St. Leonhard in Passeier, 688 m (vgl. Tour 1). Untergurgl.
Ausgangspunkt: Vom Ötztal im Norden über Obergurgl, 1927 m und das Timmelsjoch (Mautstraße), 2474 m, oder von St. Leonhard über Moos im Passeier von Süden her erreicht man den Parkplatz an der Timmelsjochstraße (23 km ab St. Leonhard bis zur ersten großen Rechtskehre ab Ghs. Hochfirst. Von dort 250 m auf Fahrweg zum Parkplatz.)
Parkplatz: Westlich der großen Kehre der Timmelsstraße nach Ghs. Hochfirst.
Gehzeiten: Parkplatz – Seeweralm ½ Std., Seeweralm – Sunnbichl ¾ Std., Sunnbichl – Scheibsee 1¼ Std., Scheibsee – Rauhjoch ½ Std.; Abstieg auf gleichem Weg 2½ – 3 Std.; Abstecher ins nördliche Seewertal beim Abstieg 3½ Std.
Anforderungen: Etwas Kondition erforderlich. Fast überall markierte Steige. Der Abstecher erfordert Orientierungsvermögen.
Höchste Punkte: Sunnbichl, 2197 m, Scheibsee, 2583 m, Rauhjoch, 2661 m.
Einkehrmöglichkeiten: Seeweralm.
Sehenswertes: Eindrucksvoller Talschluß des innersten Seewertales, der von den Eisbergen der Ötztaler überragt wird – besonders schön vom Sunnbichl aus.

Scheibsee, Seewertal, nach Norden gegen die Stubaier Berge.

Da der Ausgangspunkt auf 1800 m Höhe liegt, kann man diese Wanderung bereits inmitten des Hochgebirges beginnen. Mit einer Gehzeit von etwa 6 Stunden gewinnt man dabei einen Überblick über die Berge des innersten Passeier. Darüber hinaus betritt man ohne lange Anmarschwege die unberührte Hochgebirgswelt am nördlichen Rand unseres Berggebietes.

Vom Parkplatz zum Sunnbichl: Auf dem breiten Weg westwärts zur Seeweralm. Hinter der Alm auf einer Brücke über den wilden Seewerbach und links des Baches (Markierung 44) talein, an einer Mauer vorbei, von der der Hang zum Bach abstürzt, zu einer Wegverzweigung. Hier links und weiter und schließlich in Kehren den Hang empor und zum Aussichtspunkt Sunnbichl.

Vom Sunnbichl über den Scheibsee zum Rauhjoch: Vom Sunnbichl geht es über flachere Böden in dem Tälchen südwestwärts talein. Links des Bächleins empor und in den oberen Talgrund, der mit großen Blöcken gefüllt ist. Nun steil, rechts haltend, empor zum Scheibsee. Auf dem Steig weiter bergauf zum Rauhjoch.

Der Übergang nach Pfelders ist neu markiert worden. Er führt vom Rauhjoch in südwestlicher Richtung weiter und unterhalb der Kammhöhe hinüber bis unter die Zwickauer Hütte, die man auf dem Hüttenweg erreicht. 7 – 8 Std.

Abstieg vom Rauhjoch ins Seewertal: Wer nicht auf dem gleichen Weg zurückkehren will, kann vor Erreichen des Scheibsees links haltend durch die Senke in den unteren Talkessel absteigen.

Nun teils weglos links hinab, bis man den Steig erreicht, der unter dem Nordwestgrat des Großen Horns herumleitet in den Schuttkessel des Östlichen und Mittleren Seewerferners.

Nun über einen Moränenrücken hinab, dann rechts haltend, zuletzt über die Böden hinaus bis zum rechten Ufer des Seewerbaches. Hier trifft man auf den Steig, der zur Seeweralm führt.

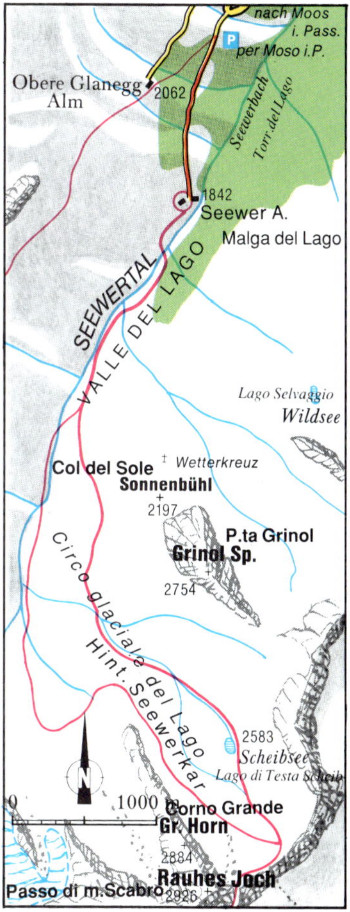

3 St. Martin am Schneeberg, 2355 m

Zum höchstgelegenen Bergwerk Europas

Saltnuss – St. Martin am Schneeberg, evtl. Schwarzsee

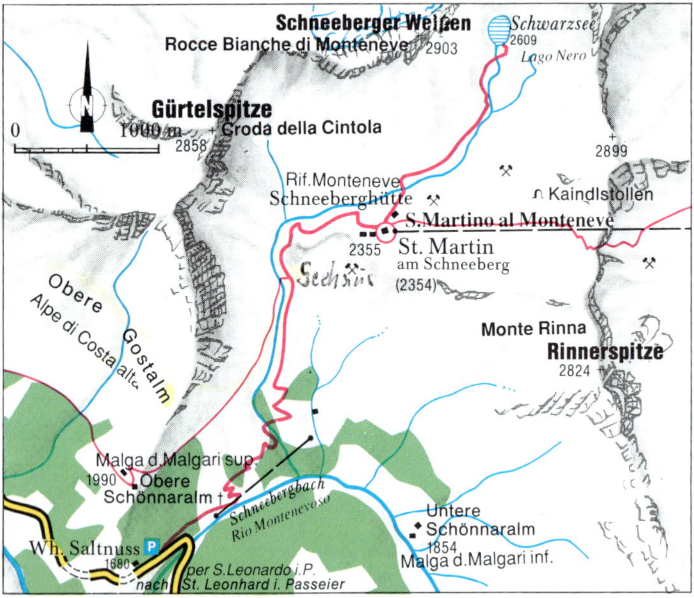

Talort: St. Leonhard in Passeier, 688 m.
Ausgangspunkt: Saltnuss, 1680 m, an der Timmelsjochstraße, 15 km ab St. Leonhard, 7 km ab Moos. Vor Erreichen von Saltnuss nach der Überquerung des Schneebergbaches beginnt der Weg.
Parkmöglichkeit: Bei Saltnuss an der Straße.
Gehzeiten: Parkplatz – Schneeberghaus (St. Martin am Schneeberg) 2 Std.; Weiterweg zum Schwarzsee 1 Std.; Abstieg zum Schneeberghaus ¾ Std; Abstieg zum Parkplatz 1¾ Std.
Anforderungen: Zur Schneeberghütte gut ausgebauter und bezeichneter Weg (teilweise alter Militärweg), zum Schwarzsee gut begehbarer Steig.
Höchste Punkte: Schneeberghütte, 2355 m, Schwarzsee, 2609 m.
Einkehrmöglichkeiten: Schneeberghütte, AV-Hütte mit Sommerbetrieb.
Sehenswertes: Die alten Bergwerksanlagen, teilweise verfallen, gleichen einer Geisterstadt.

Die Zeiten, da im Bergwerk St. Martin am Schneeberg über tausend Bergknappen beschäftigt waren, sind lange vorbei; heute ist die einstige

 1.9.2000 v.d. Tjochstr. nach Schönau üb. Obere Gostalm – Seehaus (Turbinenhaus) (ca. 1700 – 2120 m)

Ruinen einer Bergwerkssiedlung oberhalb der Schneeberghütte.

Bergwerkstadt verödet. Trotzdem führt diese Wanderung in ein wunderschönes Gebiet, durch den prächtigen Lärchenwald auf die Almwiesen und zuletzt in die Einsamkeit des Schwarzsees.

Vom Parkplatz zur Schneeberghütte: Unser Steig beginnt beim kleinen Abstellplatz an der Timmelsjochstraße, ca. 200 m bergwärts von der Brücke über den Schneebergbach (Hinweisschild). Direkt durch Wald steil in nördlicher, dann in nordöstlicher Richtung durch Wald aufwärts. Man kommt beim großen, auf einem Felsen befestigten Kruzifix vorbei, dem »Christus am Feuerkofel«. Auf dem breiten Weg weiter durch lichten Wald, dann über freies Gelände. Nach rechts, südwärts, schöner Blick ins Schönnartal. Über den Schneebergbach zur Saltnusser Alm, am Hang sieht man die Halden des Karlsstollens (1660 eröffnet). Über den Hang empor zu einer Mulde (früher Torfgewinnung), zuletzt in weitem Bogen hinauf zur Schneeberghütte, die von den Ruinen der Bergwerksstadt umgeben ist.

Von der Schneeberghütte zum Schwarzsee: Auf gutem Weg nordöstlich fast eben talein in den Talgrund. Von hier führt ein Steig ziemlich steil den grasigen Hang empor. Man kommt an einem verlandeten See vorbei und steigt über einen Block und Schutthang nochmal steil empor zum See, der von steilen Fels und Schotterhalden umrahmt in einer Mulde liegt. Direkt über dem See aufragend im Westen die Schneeberger Weißen.

4 Saxner, 2358 m, und Gleitner Hochjoch, 2390 m

Aussichtsreiche Gratwanderung im Bereich des Jaufenpasses

Jaufenstraße – Fleckner Hütte – Saxner – Gleitner Joch – Gleitner Hochjoch – Fleckner Hütte – Jaufenstraße

Talort: Auf der Nordseite des Jaufenpasses Sterzing, 948 m, auf der Südseite, St. Leonhard in Passeier, 688 m.
Ausgangspunkt: Römerkehre unterhalb des Jaufenpasses, das ist die erste große Kehre nach Westen bei der Talfahrt, oder die letzte bei der Bergfahrt. Von St. Leonhard oder Walten Busverbindung. An der Kehre: Hinweisschild »Fleckner Hütte«.
Parkmöglichkeit: An der Kehre Abstellmöglichkeit.
Gehzeiten: Parkplatz – Fleckner Hütte ½ Std., Fleckner Hütte – Saxner ¾ Std., Saxner – Gleitner Joch ½ Std., Gleitner Joch – Gleitner Hochjoch ¾ Std.; Abstieg Gleitner Hochjoch über Fleckner Hütte 2 Std.
Anforderungen: Zur Fleckner Hütte bequemer Weg. Zu den Gipfeln Steige, teilweise etwas ausgesetzt am steilen Hang. Markiert.
Höchste Punkte: Fleckner Hütte, 2100 m, Saxner, 2358 m, Gleitner Joch, 2249 m, Gleitner Hochjoch, 2390 m.
Einkehrmöglichkeiten: Ghs. Enzian oberhalb der Römerkehre an der Straße, Fleckner Hütte (einfache Sommerwirtschaft).
Sehenswertes: Diese Kammwanderung erschließt durch ihre relativ große Höhe ein sehr großes Berggebiet.

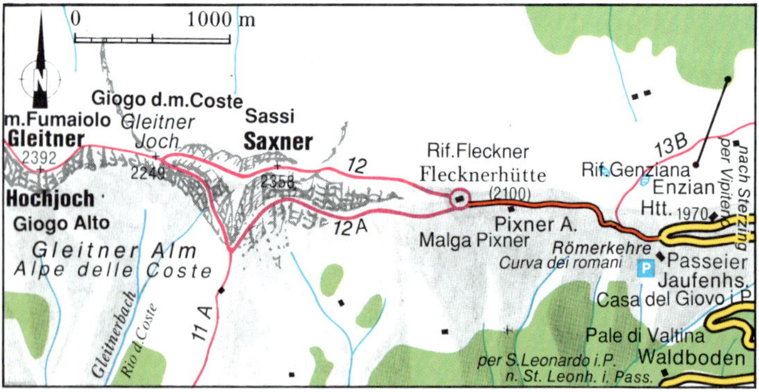

Ohne großen Zeitaufwand sind diese überaus aussichtsreichen Gipfel des Bergkammes, der vom Jaufen nach Westen zieht und als höchste eindrucksvolle Erhebung die Hohe Kreuzspitze, 2743 m, trägt, zu ersteigen. Auch wenn man auf der Durchreise nach dem Süden nicht viel Zeit übrig zu haben meint, ist doch der Gang zur Fleckner Hütte bei schönem Wetter ein

Saxner und Jaufenkamm gegen die Sarntaler Berge.

einmaliges Erlebnis. Die Aussicht von der einfachen Sonnenterrasse nach Süden – weg vom Rummel der Hauptverkehrsadern – und die besinnliche Ruhe dort drüben wird einem noch lange in Erinnerung bleiben.

Vom Parkplatz zur Fleckner Hütte: Von der Kehre führt ein breiter Weg nach Westen zur Fleckner Hütte hinauf. Über wenig geneigtes Gelände, wo im Frühsommer besonders schön die Bergwiesen blühen, zu der am Sonnenhang des Jaufenkammes gelegenen Hütte.

Von der Fleckner Hütte zum Saxner: Von der Hütte auf dem Weg empor zu einer verfallenen Steinhütte am Hang, dann weiter hinauf und zur Kammhöhe. Weiter westwärts, zuletzt in Kehren über den Nordhang zum Gipfel.

Weiterweg zum Gleitner Joch und zum Gleitner Hochjoch: Vom Gipfel über den Grat hinab auf das aussichtsreiche Gleitner Joch. Zum Gipfel des Gleitner Hochjoches führt ein Steig durch die steile Südflanke.

Rückweg: Als Rückweg kann man den Steig benutzen, der, teilweise die Südhänge querend, ohne die Gipfel zu berühren, zur Fleckner Hütte hinüberführt. Abstieg auf dem breiten Weg zum Parkplatz.

5 Jaufenkamm

Höhenwanderung entlang der aussichtsreichen Bergkulisse des oberen Passeier über St. Leonhard

Jaufenstraße – Fleckner Hütte – Gleitner Joch – Schlattacher Joch – Übelsee – Stulser Mut – Egger Grubalm – Stuls – St. Leonhard

Talorte: St. Leonhard in Passeier, 688 m, Walten, 1270 m, an der Jaufenstraße.
Ausgangsort: Römerkehre, letzte Kehre unterhalb des Passes (vgl. Wanderung 4). Busverbindung mit St. Leonhard.
Parkmöglichkeit: An der Kehre.
Gehzeiten: Parkplatz – Fleckner Hütte ½ Std., Fleckner Hütte – Schlattacher Joch 2 Std., Schlattacher Joch – Stulser Mut – Egger Grubalm 1½ Std., Egger Grubalm – Stuls 1¼ Std. Direkter Abstieg vom Schlattacher Joch über Rafein nach Stuls 2 Std., Stuls – St. Leonhard 1½ Std.; vgl. Tour 1.
Anforderungen: Keine besonderen Steigungen, dafür aber etwas ausgesetzte Querungen von steilen Hängen im oberen Teil der Wanderung. Schwindelfreiheit und gute Kondition für den langen Abstieg sind Voraussetzung. Von Stuls Busverbindung nach St. Leonhard.
Höchste Punkte: Fleckner Hütte, 2100 m, Schlattacher Joch, 2264 m, Übelsee, 2200 m, Stulser Mut, 2085 m, Egger Grubalm, 1929 m, Stuls, 1317 m.
Einkehrmöglichkeiten: Fleckner Hütte, Hochalm, Egger Grubalm (ganzj.), Stuls.
Sehenswertes: Besonders aussichtsreiche Wanderung mit Blick über die Berge und Täler des oberen Passeier.

Bei dieser ausgedehnten Höhenwanderung begeht man den Gebirgskamm hoch über dem Passeier – den Jaufenkamm. Seine höchste Erhebung ist die Hohe Kreuzspitze, an deren Fuß man absteigt. Hier trifft man eine abwechs-

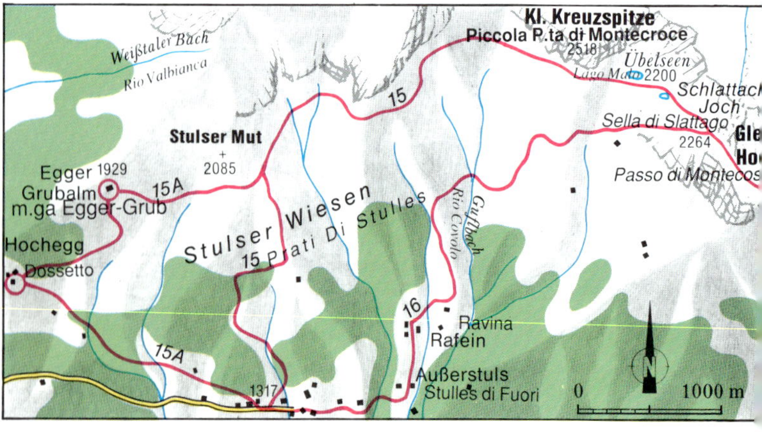

lungsreiche Hochgebirgslandschaft an, wobei man keine Felspassagen überwinden muß. Besonders schön während der Blütezeit der Bergwiesen auf den Stulser Mahdern, eine weite Hochwiesenregion mit unzähligen Heuhütten und Almen.

Vom Parkplatz zum Schlattacher Joch: Wie bei Tour Nr. 4 zur Fleckner Hütte. Man steigt auf und quert auf dem Steig teils die steilen Hänge, teils begeht man den Grat bis zum Gleitner Joch. Kurz dem Grat folgend, dann links durch eine kleine Mulde hinab zum Schlattacher Joch, der tiefsten Senke im Kamm.

Vom Schlattacher Joch zur Egger Grubalm: Man folgt nun Weg 12, dann Weg 15 westwärts zu den Übelseen. Von den Seen quert unser Weg die Kare und Hänge unterhalb der Kreuzspitze und erreicht eine eigenartige, mit weißen großen Blöcken übersäte Mulde (»Ursprung«). – Von hier zweigt rechts der Steig auf den Hochwartgipfel ab. – Weiter den Hang entlang und kurz hinunter zur Stulser Mut (oder Stuller Mut genannt), einem Rasenbuckel mit Hubschrauberlandeplatz. Von hier auf dem gut gekennzeichneten Steig über die Hochalm zur Egger Grubalm hinunter, die am Westrand der weiten Almregion der Stulser Wiesen etwas erhöht am Waldrand liegt.

Von der Egger Grubalm nach Stuls: Von hier entweder auf dem breiten Almweg (Fahrweg) bequem hinab nach Stuls, oder auf dem Waldsteig, der bez. östlich davon direkt hinabführt zum Kirchplatz in Stuls.

Von der Stulser Mut nach Stuls: Von der Stulser Mut über das freie, steile Almgelände zuerst auf Steigspuren, dann auf einem Weg hinab zum breiten Fahrweg; gerade hinab nach Stuls. Zu Fuß über Fußwege hinab nach St. Leonhard (vgl. Wanderung 11), bzw. nach Moos, Gomion.

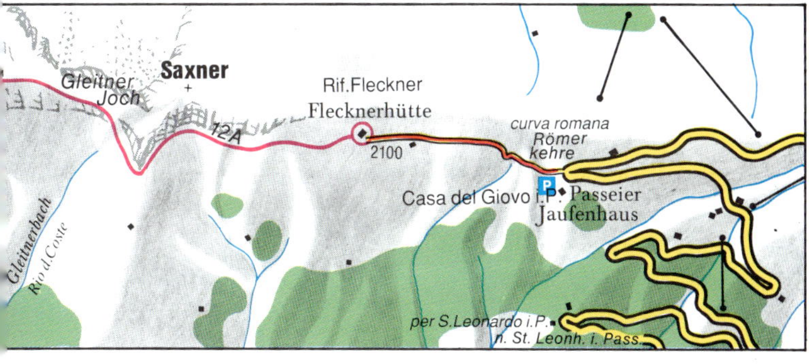

6 Stettiner Hütte, 2875 m

Auf bequemen Wegen zum Almgelände am Fuß der Hochwilde

Pfelders – Lazins – Lazinser Kaser – Lazins – Zepbichl – Pfelders oder Lazinser Kaser – Stettiner Hütte

Talort: Pfelders, 1662 m. Im innersten Pfelderertal, 11 km ab Moos im Passeier (s. Tour 7).
Ausgangspunkt: Der Ortsrand von Pfelders.
Parkplatz: Am Ortseingang bei der Lifttalstation.
Gehzeiten: Pfelders – Lazins 35 Min., Lazins – Lazinser Kaser 30 Min., Lazinser Kaser – Lazins – Zepbichl – Pfelders 1 Std. Weiterweg zur Stettiner Hütte: Lazinser Kaser – Stettiner Hütte 3 Std.; Stettiner Hütte – Pfelders 3½ – 4 Std.; Zwickauer Hütte: 3½ Std.

Anforderungen: Bis zur Lazinser Kaser bequeme Wege. Aufstieg zur Hütte ohne besondere Schwierigkeiten, aber lang und teilweise steil.
Höchste Punkte: Lazins, 1772 m, Lazinser Kaser, 1868 m, Stettiner Hütte, 2875 m
Einkehrmöglichkeiten: Zepbichl, Lazins (ganzj.), Lazinser Kaser (Sommerwirtschaft), Stettiner Hütte (80 M., Hüttenwirt: Fam. Fontana, Moos i.P.).
Sehenswertes: Bis zum Talhintergrund wandert man ohne Anstrengung inmitten einer grandiosen Hochgebirgswelt.

Das innere Pfelderer Tal bietet mit seinen Wiesenflächen und den wilden Hängen das Bild eines ursprünglich erhaltenen Hochtales. Wahrzeichen des

Pfelders, Blick nach Westen, Zepbichl. Im Hintergrund Hochwilde in Wolken.

 3.9.2000 Pfelders - Lazins - L.Kaser (Ziegenbraten) - Lazins - Zepbichl - Pfelders

+ 20.5.04

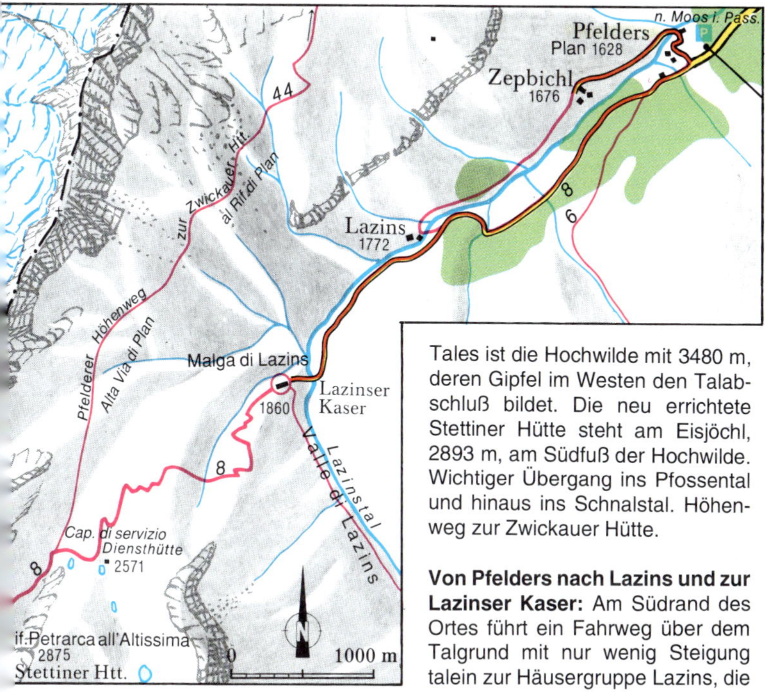

Tales ist die Hochwilde mit 3480 m, deren Gipfel im Westen den Talabschluß bildet. Die neu errichtete Stettiner Hütte steht am Eisjöchl, 2893 m, am Südfuß der Hochwilde. Wichtiger Übergang ins Pfossental und hinaus ins Schnalstal. Höhenweg zur Zwickauer Hütte.

Von Pfelders nach Lazins und zur Lazinser Kaser: Am Südrand des Ortes führt ein Fahrweg über dem Talgrund mit nur wenig Steigung talein zur Häusergruppe Lazins, die inmitten der welligen Almböden liegt. Lazins liegt am linken, nördlichen Bachufer. Der breite Weg führt dann weiter südlich des Baches talein zur Lazinser Kaser.

Rückweg nach Pfelders über Zepbichl: Man geht zuerst den Weg zurück nach Lazins, wechselt hier auf die andere Bachseite und wandert an Almhütten vorbei und talab nach Zepbichl, einer inmitten der Wiesen gelegenen Häusergruppe. Kurz talaus und über die Brücke hinauf nach Pfelders.

Von Lazins zur Stettiner Hütte: Von Lazins wenig ansteigend bis zum Talschluß. Auf gut angelegtem Weg in vielen Kehren den steilen Hang empor bis zur Wegverzweigung in etwa 2100 m Höhe. Hier rechts haltend quert man den Hang schräg empor und in Kehren zur verfallenen Diensthütte, 2571 m. Nun unterhalb der Südostflanke der mächtigen Hochwilde aufwärts (Schneefelder!) empor zur Hütte auf einem Felsvorsprung. Höhenweg zur Zwickauer Hütte: 3½ Std.

7 Zwickauer Hütte, 2980 m

Der Sonnenhang über Pfelders

Pfelders – Untere Schneidalm – Zwickauer Hütte

Talort: Pfelders, 1662 m, einziger Ort des Pfelderer Tales (vgl. Tour 6). Erreichbar über die Talstraße von Moos in Passeier, Platt, Innerhütt.

Ausgangspunkt: Brücke über den Pfelderer Bach am Nordausgang des Ortes beim Ghs. Edelweiß.

Parkmöglichkeit: Am Dorfeingang Parkplatz.

Gehzeiten: Pfelders – Untere Schneidalm 1¾ Std., Untere Schneidalm – Zwickauer Hütte 2 Std., Stettiner Hütte: 3½ Std.

Abstieg: Zwickauer Hütte – Pfelders 3½ Std., Untere Schneidalm – Pfelders 1½ Std.

Anforderungen: Der Anstieg zur Alm ist steil, aber gut ausgebaut. Zur Hütte etwas alpiner, besonders, was den großen Höhenunterschied von fast 1500 m betrifft. Schneefelder unterhalb der Hütte! Nur für gute Geher.

Höchste Punkte: Untere Schneidalm, 2170 m, Zwickauer Hütte, 2980 m. Neu erbaut, Materialseilbahn.

Einkehrmöglichkeiten: Untere Schneidalm, Zwickauer Hütte.

Sehenswertes: Vom Anstieg und vom Rastplatz bei der Alm herrliche Tiefblicke ins Pfelderer Tal und nach Süden gegen die Texelberge.

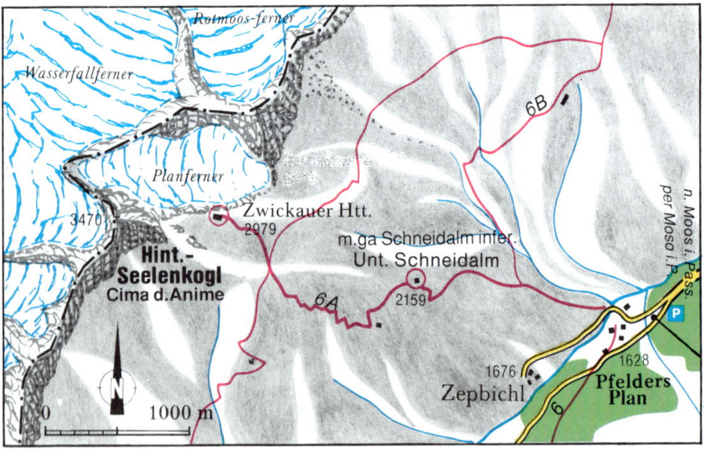

Der Weg zur Zwickauer Hütte bringt uns vom Talgrund bis in die Region der Dreitausender der Ötztaler Eisriesen.

Von Pfelders zur Unteren Schneidalm: Von der Brücke über den Pfelderer Bach folgt man dem Steig Nr. 6A; bei der nächsten Wegteilung geht man links.

Auf dem Weg zur Unteren Schneidalm; rechts im Hintergrund Hochwilde, links Lodner und Hohe Weiße.

Über mehrere Bäche zum Schild »Untere Schneidalm«. Die Almhütte liegt östlich des Weges.

Weiterweg zur Oberen Schneid und zur Zwickauer Hütte: Von der Unteren Schneid in vielen Kehren steil aufwärts zur Oberen Schneid, 2372 m. Weiter steil in Kehren empor und über Blockhänge bis gegen das Firnfeld, das südlich unter dem Rücken eingelagert ist, auf dem die Hütte steht. Über den Schnee zum »Weißen Knott« und zur Hütte.

Abstieg: Auf dem Anstiegsweg hinab nach Pfelders.

Übergang zur Stettiner Hütte am Eisjöchl: Dieser Höhenweg ist markiert. Er verlangt Ausdauer und alpine Erfahrung. Im Sommer können die zu querenden Firnfelder hart sein, dann sind Steigeisen empfehlenswert. Vorsicht: Steinschlag im »Weittal« unterhalb des Hinteren Seelenkogels. – Von der Stettiner Hütte unschwieriger Abstieg nach Pfelders (Wanderung 6, oder Übergang ins Pfossental, siehe Meraner Höhenweg, Wanderung 37).

Hinterer Seelenkogel, 3472 m: Versicherter Steig. Besonders schöne Rundsicht. 2 Std. von der Zwickauer Hütte.

8 Lazins – Halsljoch, 2808 m

Ausgedehnte Wanderung an den Fuß der Dreitausender und des schönsten Almgeländes im Naturpark Texelgruppe

Pfelders – Lazins – Andelsalm – Halsljoch

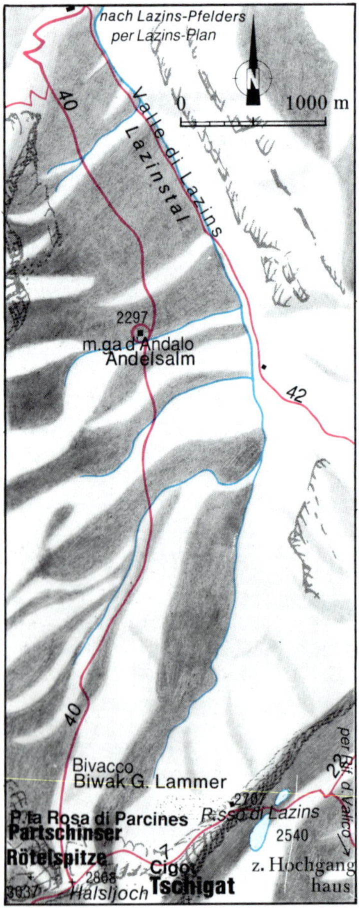

Talort: Pfelders, 1662 m (vgl. Tour 6, 7).
Ausgangspunkt: Brücke über den Pfeldersbach beim Ghs. Edelweiß in Pfelders.
Parkmöglichkeit: Parkplatz am Dorfeingang beim Ghs. Edelweiß.
Gehzeiten: Ghs. Edelweiß – Lazins 35 Min., Lazins – Lazinser Kaser 30 Min., Lazinser Kaser – Andelsalm 1½ Std., Andelsalm – Halsljoch 1½ Std., Abstieg Halsljoch – Lodner Hütte 1½ Std., Übergang Halsljoch – Hochganghaus – Leiteralm 5 – 6 Std., Abstieg Halsljoch – Pfelders 3½ – 4 Std.
Anforderungen: Wanderung zur Andelsalm auf guten Almwegen. Anstieg zum Halsljoch auf Steig. Abstieg zur Lodner Hütte auf gut ausgebautem Steig. Übergang zum Hochganghaus alpiner Felsensteig mit Seilversicherung.
Höchste Punkte: Halsljoch, 2808 m, Milchseescharte, 2707 m.
Einkehrmöglichkeiten: Lazins, Lazinser Kaser, Andelsalm.
Sehenswertes: Im Naturpark Texelgruppe bieten vor allem die einsamen Hochtäler noch eine unverfälschte Hochgebirgslandschaft. Seen der Spronser Seenplatte.

Vom Edelweiß zur Lazinser Kaser: Auf den bequemen Almwegen erreicht man die Alm der Lazinser Kaser am Talschluß im Westen.

Von Lazins zur Andelsalm: Auf dem Hüttenweg zur Stettiner Hütte (vgl. Wanderung 6) in Kehren den Hang empor. In etwa 2100 m Höhe links ab und wenig ansteigend zur Andelsalm.

Lazinser Tal. Blick auf die Nordabstürze von Lodner (links) und Hohe Weiße (rechts).

Von der Andelsalm zum Halsljoch: Auf Weg Nr. 40 südwärts hinauf und längs des Andelsbaches über die weiten Flächen in den hintersten Talgrund. Zuletzt steiler gerade hinauf zum Halsljoch. Die Hohe Weiße, 3281 m, ragt ebenso wie der Lodner imposant über dem obersten Lazinstal auf. Ihren Namen hat sie vom marmorweißen Kalkaufbau des Gipfels. Ersterstiegen hat sie der Schnalser Rochus Raffeiner mit V. Hecht im Jahre 1871.

Abstieg auf gleichem Weg. Oder Abstieg zur Lodner Hütte (vgl. Weg 28).

Übergang zur Milchseescharte: Man steigt am Halsljoch ostwärts hinab und geht das Kar unter dem Tschigat aus. Dann wieder hinauf zur Scharte. Hier befindet sich die Guido-Lammer-Biwakschachtel.

Rückweg: Über die Seen, das Faltschnaljöchl und durch das Faltschnaltal hinaus, wo man zwischen Lazins und Zepbichl ins Pfelderer Tal hinabkommt.

9 Oberstein, 1683 m

Berghöfe und ein Gasthaus auf 1700 m

Pfelders – Unterstein – Oberstein – Imstalm

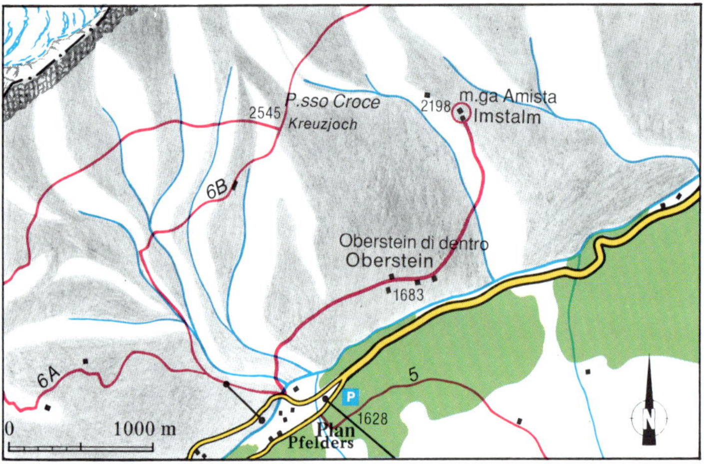

Talort: Pfelders, 1662 m (vgl. Tour 6, 7).
Ausgangspunkt: Brücke beim Ghs. Edelweiß in Pfelders.
Parkplatz: Am Dorfeingang von Pfelders.
Gehzeiten: Pfelders – Unterstein – Oberstein 35 Min., Oberstein – Imstalm 1½ Std., Oberstein – Pfelders 1½ Std. Abstieg auf dem Anstiegsweg 1¾ Std.
Anforderungen: Nach Oberstein bequeme Wiesenwege bzw. Fahrweg, der Steig zur Imstalm ist sehr steil, aber mit Ketten versichert, kühner Weg über dem äußeren Pfelderer Tal.
Höchste Punkte: Oberstein, 1683 m, Imstalm, 2214 m.
Einkehrmöglichkeiten: Oberstein.
Sehenswertes: In Pfelders schmuckes Kirchlein über dem Dorf. Schöner Blick nach Westen zur beherrschenden Hochwilde, 3480 m.

Durch den Bau der neuen Straße in das Pfelderer Tal, auf der man die Orte auf der rechten Talseite mühelos in kürzester Zeit erreicht, kann der flüchtige Besucher die Abgeschiedenheit früherer Jahrhunderte nur erahnen.

Von Pfelders nach Oberstein: Von der Brücke unter dem Ghs. Edelweiß rechts haltend auf Wiesenwegen talaus. Die Höfe Unterstein bleiben rechts liegen. Man geht zuletzt über den breiten Fahrweg kurz ansteigend hinauf nach Oberstein. – Die Höfegruppe Oberstein am Sonnenhang zeigt noch ihre alte Bausubstanz. Darüber der Schrofengürtel »In der Schran« mit dem

Bergwiesen oberhalb von Oberstein.

Brenzegg. Hart unter den Felsen der alte Backofen. Wo der Bach über die steile Wiesenkante springt, die ehemalige Mühle.

Von Oberstein zur Imstalm: Direkt hinter dem Gasthaus beginnt der Steig, der steil über schrofiges Gelände emporführt an den Beginn der Weideflächen. Über die steilen Rasenhänge aufwärts zur Alm.

Abstieg nach Pfelders auf gleichem Weg (kein direkter Abstieg möglich).

10 Matatzspitze, 2179 m

Wanderung zum nordöstlichsten Eckpfeiler der Texelberge

Kratzegg – Untere Ulfasalm – Alm »In der Scharte« – Hahnl – Matatzspitze – Kratzegg

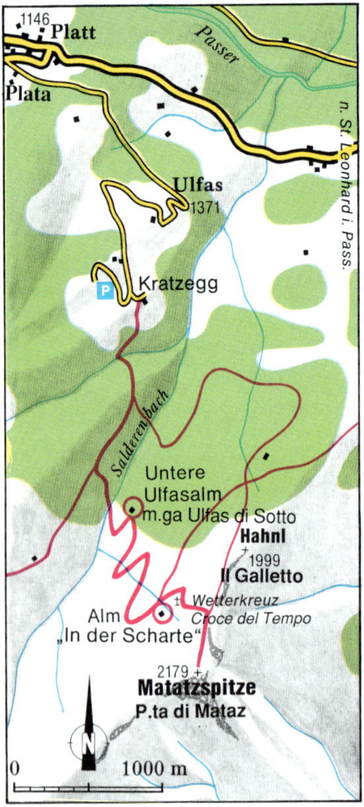

Talort: Moos im Passeier, 1007 m, an der Einmündung des Pfelderer Tales. Heute ein durch die Verkehrslage vielbesuchter Fremdenort mit schmucken Häusern; zu Moos gehören die an den Hängen weit hinaufreichenden Fraktionen.
Ausgangspunkt: Kratzegg, 1400 m. Man erreicht diesen obersten Hof, unter dem sich der Parkplatz befindet, von Moos über die Straße nach Platt, 1146 m, 2,6 km ab Moos. Hinter Platt zweigt nach links (Hinweisschild) die Fahrstraße von der Pfelderer Straße ab und führt über den Ort Ulfas, 1371 m, der auf einem Wiesenhang liegt, empor bis zum Parkplatz unterhalb der Kratzegghöfe.
Parkmöglichkeit: Parkplatz am Ende der Straße unterhalb von Kratzegg.
Gehzeiten: Parkplatz – Untere Ulfasalm ½ Std., Untere Ulfasalm – Alm »In der Scharte« ½ Std., »In der Scharte« – Hahnl 35 Min., Hahnl – Matatzspitze 40 Min.; Abstieg entweder auf gleichem Weg oder über den Nordrücken 2½ Std.; Abstieg über Christl nach St. Leonhard 4½ Std.
Anforderungen: Bis zur Unteren Ulfasalm bequemer Zufahrtsweg. Dann Waldsteig zur Alm »In der Scharte«. Steiler Steig zum Hahnl. Auf Steigspuren über Schuttrücken zum Gipfel.
Höchste Punkte: Hahnl, 1999 m, Wetterkreuz, 1958 m, Matatzspitze, 2179 m.
Einkehrmöglichkeit: Untere Ulfasalm, Alm »In der Scharte«.
Sehenswertes: Auf der Fahrt von Moos nach Platt der Stieber Wasserfall.

Diese leicht erreichbaren Aussichtspunkte (Wetterkreuz, Hahnl und die etwas steilere Matatzspitze) ragen in dem mächtigen Kamm auf, der vom Herzen der Texelgruppe über die Kolbenspitze, Muthspitze und Matatzspitze bis zu den Wiesenterrassen von Christl und Pircha südwestlich von St. Leonhard

Höfegruppe von Außerhütt, am Fuß von Matatzspitze und Kolbenspitze.

hinab streicht. Von diesem vorgeschobenen Punkt aus blickt man ins oberste Passeier im Norden, nach St. Martin und auf die Sarntaler Alpen.

Vom Parkplatz zur Unteren Ulfasalm: Vom Parkplatz auf dem Fahrweg bei der alten Mühle und dem Hof Kratzegg vorbei in den Wald. Weiter auf dem Weg talein, bis man auf die Wiesenfläche der Unteren Ulfasalm gelangt. Der Almweg führt in weiter Kehre zu den Hütten.

Von der Unteren Ulfasalm zum Wetterkreuz und zur Matatzspitze: Der Weiterweg beginnt außerhalb des Weidezaunes am Oberrand der Almfläche und führt durch lichten Wald aufwärts. Oberhalb der Ulfasalm zweigt ein Weg nach Süden ab, der unterhalb der Matatzspitze gegen die Muthspitze führt. Wir zweigen nach links nordwärts ab und erreichen die niedere Hütte »In der Scharte« mit Rastplatz im Freien. Nun links haltend in Kehren steil hinauf zum breiten Kamm. Wetterkreuz. Hahnl. Über den Grat zur Matatzspitze.

Abstieg: Entweder auf gleichem Weg zurück nach Kratzegg oder von der Kammhöhe nach Nordosten hinab bis zur Waalhüterhütte. Hier zweigt man nach Westen ab und wandert durch Wald den Waal entlang zu einer Wiese. Auf breitem Weg geht man kurz bergan, umgeht eine Felswand und erreicht wieder den Waal. Von hier zum Weg zurück, der talaus zum Parkplatz führt.

11 Glaiten und Stuls

Zu den sonnenreichsten Gemeinden des Passeier

St. Leonhard – St. Hippolyth – Glaiten – Stuls – Gomion – St. Leonhard

Talort: St. Leonhard, 688 m (vgl. Tour 1).
Ausgangspunkt: Glaitner Kehre an der Jaufenstraße (6 km ab St. Leonhard). Kiosk. Busverbindung von St. Leonhard. Fußwanderung von St. Leonhard über die Jaufenburg über den Waldsteig 3 Std. (Weg Nr. 11).
Parkmöglichkeit: An der Kehre Abstellmöglichkeit.
Gehzeiten: St. Leonhard – Glaitner Kehre (Weg Nr. 11) 1 Std., Glaitner Kehre – Glaiten 20 Min., Glaiten – Stuls 1¼ Std., Stuls – Gomion an der Timmelsstraße 1½ Std., Stuls – (Waldweg nach) St. Leonhard 1¾ Std. (im Aufstieg 2 Std.).
Anforderungen: Bezeichnete Wege.
Höchste Punkte: Glaiten, 1200 m, Stuls, 1315 m.
Einkehrmöglichkeiten: Kiosk an der Jaufenstraße, in Stuls mehrere Gaststätten.
Sehenswertes: Ruine Jaufenburg; Hl.-Kreuz-Kapelle unterhalb der Burg. Silberhüttenhöhe unterhalb der Kapelle im Osten von Stuls, eine der bedeutendsten prähistorischen Siedlungsstätten auf aussichtsreichem Felskopf. Stuller Wasserfall. Besonders schöne alte Bauernhäuser in sonniger Lage am Hang über Stuls. Kirchlein St. Hippolyth.

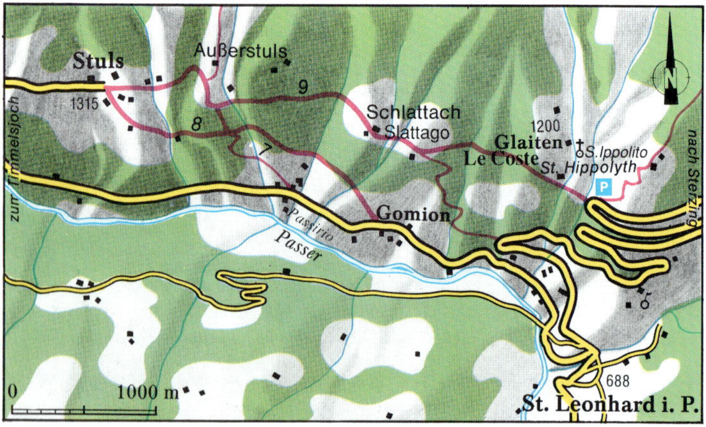

Ein Ausflug auf die Sonnenterrasse mit den Orten Glaiten, Schlattach und Stuls bietet wegen der Aussicht und der Wanderung in einer Höhe von über 1000 m Höhe inmitten von Wäldern und Wiesen ein eindrucksvolles Erlebnis.
St. Leonhard – Kirche St. Hippolyth – Glaiten – Stuls: Von der Ortsmitte St. Leonhard zum (hinter dem Gh. Theis) Schloßweg und dann zum Römerweg. Durch Wald, die Jaufenstraße mehrmals querend empor zum

Stuls, Blick nach Westen zu den Ötztaler Bergen (Hinterer Seelenkogel).

Kiosk an der Jaufenstraße. Hierher auch mit dem Bus (Station beim Kiosk). Links aufwärts und über steile Wiesen zur Kirche. Von der Kirche über die Wiesen empor zum Weg, der in schöner Höhenwanderung nach Stuls führt.

Stuls – St. Leonhard: Von Stuls auf der Straße ca. 10 Min. ostwärts zurück, dann nach rechts ab und an der kleinen Kapelle vorbei über die Wiesen hinunter, dann steil hinunter nach St. Leonhard.

Stuls – Moos: Auf der Fahrstraße kann man Moos in ¾ Std. erreichen. Fußweg: Auf der Straße kurz talab, dann nach links ab und auf Steig steil hinunter zur Timmelsjochstraße, die man bei Moos erreicht. Durch den Tunnel bergauf nach Moos.

Stuls – Gomion – St. Leonhard: Von der Ortsmitte von Stuls auf einem Steig (Nr. 8) hinunter. Man erreicht die Timmelsjochstraße bei Gomion, Schildhof Gomion mit kleiner Kirche. Bushaltestelle. Ca. 4 km nach St. Leonhard.

12 Stulser Hochwarth, 2608 m

Aussichtswarte hoch über St. Leonhard

Stuls – Stulser Wiesen – Hochwarth – Stuls

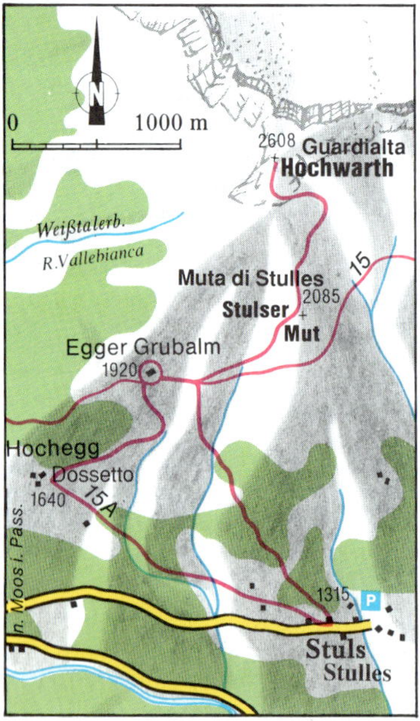

Talorte: St. Leonhard, 688 m, oder Moos in Passeier, 1007 m (vgl. Tour 1).

Ausgangspunkt: Stulser Kirchplatz, 1315 m. Ehemals entlegene Bergbauernsiedlung, heute vielbesuchter Ferienort mit zahlreichen Neubauten. Auf steiler Hangterrasse über St. Leonhard gelegen.

Parkmöglichkeit: Am Kirchplatz beschränkt. Am Dorfeingang.

Gehzeiten: Stuls – Stulser Wiesen 1¾ Std., Stulser Wiesen – Hochwarth 1½ Std.

Anforderungen: Zu den Stulser Wiesen führt sowohl ein gut markierter Waldsteig, als auch ein breiter, bequemer Almweg. Zum Gipfel zuerst Wiesenweg, dann Steig, eine kurze Felsenstelle unter dem Gipfel ist gesichert.

Höchste Punkte: Stulser Wiesen, 1900 m, Egger Grubalm, 1920 m, Stulser Mut, 2085 m, Hochwarth, 2608 m.

Einkehrmöglichkeiten: Egger Grubalm (ganzj.), Hochalm (im Sommer).

Sehenswertes: Die Stulser Wiesen. Auf der Stulser Mut prähistorischer Schalenstein. Der Blick vom Gipfel des Hochwarth ist wegen der vorgeschobenen Lage besonders schön.

Der Hochwarth ragt als westlichster Gipfel des mächtigen Kreuzspitzkammes über dem Passeier auf. Der beherrschende Berg ist die Hohe Kreuzspitze, 2743 m. Die Besteigung erfordert allerdings Schwindelfreiheit und alpine Erfahrung. Die 8 km weit von Ost nach West reichende Alm- und Wiesenlandschaft der Stulser Wiesen stellt eine Naturschönheit zu allen Jahreszeiten dar. Durch den Almzufahrtsweg sind sie leicht zu erreichen. Einmal auf der Höhe angekommen, kann man beliebig in jeder Richtung wandern, und ohne Schwierigkeit wieder an den Ausgangspunkt zurückkehren.

Von Stuls zu den Stulser Wiesen: Vom kleinen Platz bei der Kirche führt der Steig über eine Stiege empor und durch den Waldgürtel in Kehren steil hinauf zur Hochfläche. Der breite Almweg beginnt am westlichen Ortseingang, der zuerst steil zum Oberegger, dann an den Hochegghöfen vorbei und weiter durch Wald in mäßiger Steigung zu den Wiesen emporführt. Die Egger Grubalm liegt oberhalb des Fahrweges am Westrand der Wiesen.

Von den Stulser Wiesen zum Hochwarth: Von der Egger Grubalm geht man über die Hochalm zur Stulser Mut. Die Stulser Mut ist ein auffallender Wiesenbuckel (Hubschrauberlandeplatz), der gegen das Tal vorspringt. Von hier kann man entweder auf Steigspuren direkt und sehr steil zum Südrücken des Hochwarth aufsteigen und auf dem Steig zum Gipfel gelangen. Oder man verfolgt oberhalb des Hubschrauberlandeplatzes den Steig nach Osten in die weite, mit großen Blöcken übersäte Mulde. Hier links den Hang empor (Pfad), bis man auf den markierten Steig zum Gipfel trifft.

Abstieg auf gleichem Weg. Gute Geher können auch die steilen Rasenhänge vom Ende des Hochwarth-Südgrates direkt zu den Wiesen hinabsteigen. Wegen der Einkehrmöglichkeit wird man den kleinen Umweg nach Westen zur Egger Grubalm nicht scheuen. Von dort auf einem der beiden Wege zurück nach Stuls.

Stulser Wiesen, im Hintergrund die Berge über dem Passeier mit Hirzer (links) und Ifinger (rechts).

13 Wannser Tal

In ein einsames Hochtal südlich des Jaufenpasses

Walten – Wanns – Wannser Alm – Wannser Joch – evtl. Alpspitze – Sailer Joch – Sailer Alm – Sailer Tal – Wanns

Talort: Walten, 1269 m, weit verstreuter Ort mit schmucker Kirche an der Jaufenstraße, 11 km ab St. Leonhard. Sommer- und Winterferienort, im Winter Skilifte.
Ausgangspunkt: Wanns, 1420 m, am Ende der befahrbaren Straße, die von Innerwalten abzweigt und ziemlich schmal (Abzweigung »Tirolerheim«) den Hang hinunter in den Talgrund und durch Wald hineinführt zum Ghs. Wannser Hof, Kirchlein St. Johann. Bushaltestelle nahe der Abzweigung an der Jaufenstraße.
Parkmöglichkeit: Beim Ghs. Wannser Hof oder an der Jaufenstraße.
Gehzeiten: Innerwalten – Wanns ½ Std., Wanns – Wannser Alm ½ Std., Wannser Alm – Wannser Joch 1½ Std., Wannser Joch – Alpspitze 20 Min., Wannser Joch – Sailer Joch – Sailer Alm – Wanns 2 Std.
Anforderungen: Bis Wanns Fahrweg oder schöner Wiesensteig. Zur Alm breiter Almweg. Zum Wannser Joch guter Steig (alte Militärstraße), zum Sailer Joch Querung von etwas ausgesetzten Rasenhängen, zur Alpspitze Steigspuren auf breitem Rücken. Vom Sailer Joch zuerst schwacher Steig, dann gute Wege.
Höchste Punkte: Wannser Joch, 2247 m, Alpspitze, 2477 m, Sailer Joch, 2200 m.
Einkehrmöglichkeiten: Wannser Hof, Wannser Alm, Sailer Alm.
Sehenswertes: Die schönen alten Höfe in Walten reichen vielfach noch in die Zeit der ersten Besiedlung im 13. Jh. zurück. Besonders sehenswert der Rinnerhof, der schönste Holzblockbau im Tal. Kirchlein St. Johann in Wanns, malerisch am Rand der Wiesen gelegen. Vom Wannser Joch eindrucksvoller Tiefblick.

Am Wannser Joch, Tiefblick auf die Almen im Obernbergtal (Sarntal).

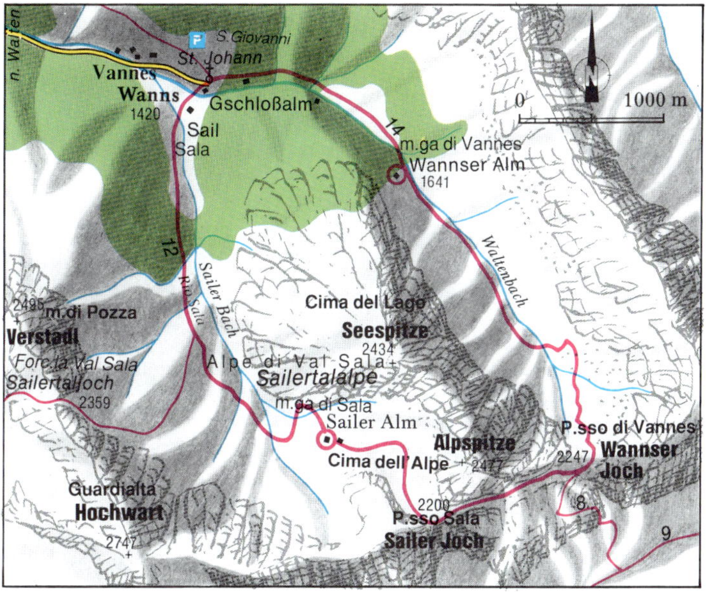

Vom Wannser Hof ins Wannser Tal: Auf breitem Almweg (Weg Nr. 14) zuerst steil, dann aber fast eben hinein ins Wannser Tal und zur Alm rechts am Hang. Die erste Hütte an der man vorbeikommt, ist die Gschloßalm. Von der Alm immer dem markierten Steig folgend talein, dann gegen links hinüber und in Kehren empor auf das Wannser Joch (Kreuz).

Vom Wannser Joch zum Sailer Joch: Vom Wannser Joch auf dem Steig auf der Sarntaler Seite die steilen Rasenhänge querend zum Sailer Joch.

Vom Sailer Joch ins Sailer Tal und nach Wanns: Vom Sailer Joch die Hänge gegen Westen hinab. Man erreicht eine sumpfige Hochfläche, die man überquert. Auf einem Hügel Mauerreste, hier nach rechts und entlang des Bächleins hinunter zur Sailer Alm. In der Nähe der Alm über den Bach und hinab ins Tal. Auf der linken Talseite hinaus. Vor dem Sailer Hof nach rechts über den Bach und talaus zum Wannser Hof.

Zur Alpspitze und weiter zum Sailer Joch: Vom Wannser Joch auf Steiglein zur Alpspitze. Beim Abstieg zum Wannser Joch zurück, bis man auf den Steig trifft, der unterhalb der Gipfelhänge hinüberführt zum Sailer Joch.

14 Wannser Jägersteig

Waldwanderung am Fuß des Jaufenpasses

Wanns – Jägersteig – Wanns

Talort: Innerwalten, 1450 m, kleiner Ort an der untersten großen Kehre der Jaufenstraße gelegen. 13 km von St. Leonhard. Bushaltestelle.
Ausgangspunkt: Wanns (St. Johann), 1420 m. Erreichbar über die Straße von Innerwalten (siehe Wanderung 13) oder über den Wiesenweg, der beim Ghs. Innerwalten hineinführt zum Kirchlein St. Johann.
Parkmöglichkeit: Beim Ghs. Innerwalten und beim Ghs. Wannser Hof.
Gehzeiten: Innerwalten – Wanns ½ Std., Wanns – Wannser Alm ½ Std., Wannser Alm – Jägersteig – Wanns 3 Std.
Anforderungen: Zu den Almen breite Wege, anschließend guter markierter Waldweg.
Höchste Punkte: Wannser Alm, 1641 m, Seebergsee, 1744 m, Seebergalm, 1700 m.
Einkehrmöglichkeiten: Wannser Hof, Wannser Alm, Seebergalm.
Sehenswertes: (vgl. Wanderung 13), Seebergsee in romantischer Waldeinsamkeit.

Dieser »Jägersteig« umrundet den breiten Fuß der Seebergspitze. Man steigt im Wald zum Kammrücken zwischen Wannser Tal und Sailer Tal auf. Der Abstieg führt zum romantisch gelegenen kleinen Seebergsee.

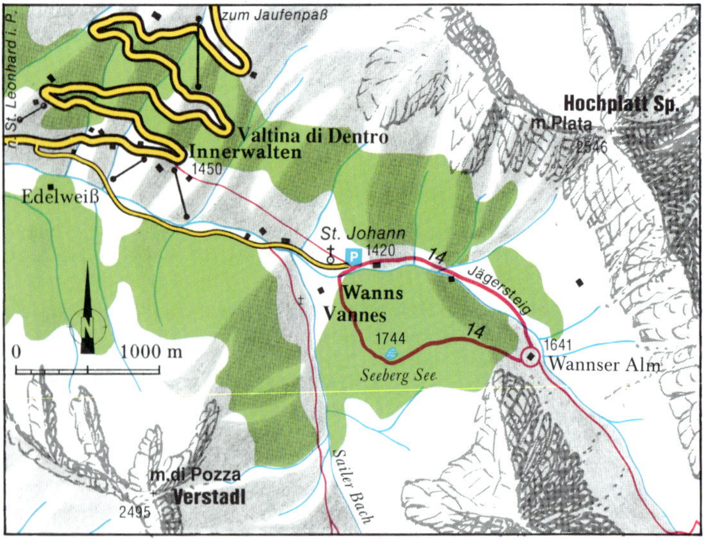

Kirchlein St. Johann, Wanns.

Wanns – Wannser Alm – Seebergsee – Seebergalm – Wanns: Wie bei Wanderung 13 zur Wannser Alm. Hier Hinweisschild »Jägersteig«. Man steigt durch dichten Wald in Kehren bergauf gegen den Rücken der Seebergspitze. Dann hinab zum Seebergsee und kurz hinunter zur Seebergalm. Unterhalb der Alm geht man auf gutem Weg in Kehren durch Wald hinab ins Sailer Tal. Vom breiten Weg zweigt ein Steig rechts ab, der steil durch Wald hinabführt zum Wannser Hof.

15 Pfandleralm, 1350 m

Wanderung zu einem geschichtsträchtigen Ort hoch über dem Passeier

St. Martin in Passeier – Prantach – Hofkapelle – Gruberhof – Pfandlerhof – Pfandleralm

Talort: St. Martin, 600 m. Größte geschlossene Siedlung im Passeier mit altem Ortskern und vielen Neubauten.

Ausgangspunkt: Abzweigung von der Talstraße am südlichen Ortseingang von St. Martin. Hierher zu Fuß vom Ort, in der Nähe Bushaltestelle.

Parkmöglichkeit: An der Abzweigung; im Ort, sowie beliebig auf der Fahrt nach Prantach an der Straße.

Gehzeiten: Aufstieg vom Tal zur Alm 2 bis 2½ Std., Aufstieg vom Ende der befahrbaren Straße ½ Std., Aufstieg von St. Leonhard 3 Std.; Abstieg ins Tal 2 Std., nach St. Leonhard 2½ Std.

Anforderungen: Auf der Straße bequemer Anstieg. Sonst markierte, etwas steile Steige.

Höchster Punkt: Pfandleralm, 1350 m.

Einkehrmöglichkeiten: Pfandlerhof am Ende der Fahrstraße, Pfandleralm.

Sehenswertes: 2 km nördlich von St. Martin an der Straße der Sandhof, Geburtshaus Andreas Hofers. In St. Martin sehenswerter alter Ortskern, Schildhof Steinhaus über dem Ort, ehemaliger Schildhof Psair am Südeingang. Die Pfandleralm, letzter Zufluchtsort Andreas Hofers, er wurde dort am 28. Januar 1810 gefangen genommen.

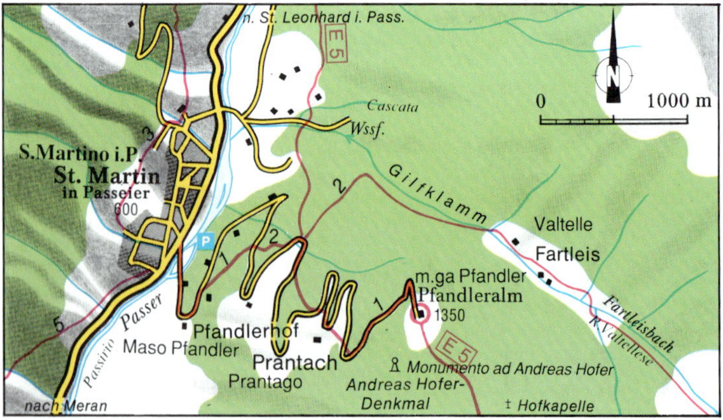

Die östliche Talseite über St. Martin, ist bis 1200 m Höhe besiedelt. Zum Oberrand des Gebietes führt eine schmale asphaltierte Straße empor zum Pfandlerhof (nur im Sommer bewirtschaftet). Darunter die Häuser Gruberhof. Die ganze Gegend stellt ein beliebtes, großräumiges Wandergebiet dar.

Von St. Martin zur Pfandleralm: Vom südlichen Ortseingang zweigt eine

Die alte Hofkapelle unterm Gruberhof in Prantach, St. Martin.

Straße nach Osten Richtung Prantach ab. Über die Passerbrücke (Johannesbrücke) und die Straße weiter in einer großen Schleife an den Berghang. Bei einer Kapelle zweigt der Fußsteig (Nr. 1) rechts ab, der über Wiesen und durch Waldstücke emporführt. Er überquert mehrmals die Straße. Über die alte Schloßkapelle (sie bleibt rechts drüben) erreicht man an den Gruberhöfen vorbei den Pfandlerhof.
Von hier (breiter Almweg) hinauf zur Pfandleralm, auf einer Wiese im Wald. Am Rand der Wiese Gedenktafel.

Rückkehr auf dem gleichen Weg. Nahe der Hofkapelle zweigt von der Straße der Steig ab, der nach St. Leonhard führt. Hier auch Abzweigung zur Fartleiser Alm im Fartleistal. Kurz vor Erreichen der Johannesbrücke zweigt bei einer Kapelle ein Wiesensteig nach Saltaus (Schweinsteg) ab.

16 Hirzer, 2781 m

Höchster Gipfel östlich über dem Passeier

Seilbahn-Bergstation Klammeben – Hirzerhütte – Obere Scharte – Hirzer – Seilbahnstation

Blick von Öberst auf Hirzer (links) und Ifinger (rechts).

Talort: Saltaus, 659 m; kleiner Weiler an der Straße mit gleichnamigem Schildhof.
Ausgangspunkt: Hirzer-Seilbahn, Talstation in Saltaus. Bergstation Klammeben, 1980 m.
Parkmöglichkeit: An der Talstation.
Gehzeiten: Bergstation Klammeben – Hirzerhütte auf der Tallner Alm 15 Min., Hirzerhütte – Obere Scharte 2 Std., Obere Scharte – Hirzer ½ Std.; Abstieg zurück zur Tallner Alm (Hirzerhütte) bzw. Klammeben-Bergstation 2 Std., Abstieg zur Mittelstation (Obertall) 1 Std. 20 Min.
Anforderungen: Vielbegangener, markierter Steig, der zuletzt durch felsiges Gelände zur Hirzerscharte führt. Aufstieg zum Gipfel teilweise ausgesetzter Steig. Durch die leicht erreichbare Höhe mittels der Seilbahn täuscht man sich über das naheliegende alpine Gelände, das man spätestens unterhalb der Hirzerscharte betritt. Da es am Vormittag im Schatten liegt, kann es im Frühsommer vereist sein.
Höchster Punkt: Hirzer, 2781 m.
Einkehrmöglichkeiten: Hirzerhütte, Hirzeralm.
Sehenswertes: In der Umgebung von Saltaus der historische Schildhof Haupold. Im Ort die Dreifaltigkeitskapelle. Großartige Rundsicht vom Gipfel.

Der Hirzer ist sozusagen das Wahrzeichen des unteren Passeier, sein spitzer Felsgipfel ist von weitum auszumachen, wie ein König thront er mit den südlichen Nachbarn Alpplattenspitze und Ifinger über Meran. Seine Westflanken fallen steil ab zu den Almen oberhalb der Waldgrenze. Unterhalb des Waldgürtels breiten sich die hochgelegenen Wieseninseln mit den alten Bauernhäusern hin, typisch für die Berglandschaft des Passeier. Fast jeder, der die Meraner Bergwelt kennenlernen will, versucht sich an der Besteigung des Hirzer, der als Belohnung eine Aussicht bietet, die man an einem schönen Tag nicht genug bewundern kann.

Von der Bergstation Klammeben zur Hirzerhütte auf der Tallner Alm: Von der Bergstation wandert man auf breitem Weg hinüber zur großen Hirzerhütte.

Von der Hirzerhütte zur Oberen Scharte: Östlich der Hütte steigt man über Wiesen gerade ostwärts hinauf (nach links zweigt der Weg in der Nähe der Alm zur Mahdalm ab, Europäischer Fernwanderweg). Der gut angelegte Steig führt in Kehren in das Kar hinauf (Nr. 4) und über Felsstufen und Rinnen hinüber (etwas südwärts) auf die Grathöhe zur Oberen Scharte.

Obere Scharte – Hirzer: Von der Scharte zuerst auf der Ostseite kurz absteigen, dann auf der Ostseite des Kammes in Kehren zum Gipfel mit Gipfelkreuz.

Abstieg: Auf gleichem Weg zurück zur Bergstation. Schöne Wanderung nach Obertall (Mittelstation der Bergbahn).

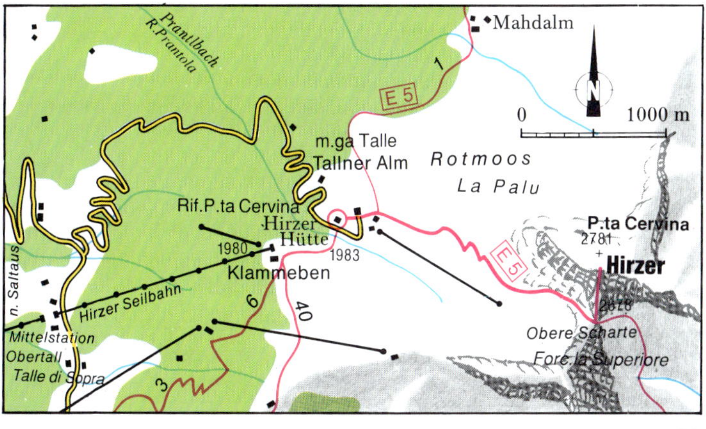

17 Hirzerhütte – Mahdalm – Riffelspitze

Höhenwanderung in 2000 m Höhe über dem Passeiertal

Hirzerhütte – Mahdalm – Riffelspitze – Wetterkreuz – Pfandleralm – St. Martin. Oder: Mahdalm – Obertall (Mittelstation)

Talort: Saltaus, 659 m; kleiner Weiler an der Straße mit gleichnamigem Schildhof.
Ausgangspunkt: Bergstation der Hirzer Seilbahn, 1980 m. Von dort auf breitem Weg zur Hirzerhütte, 1983 m.
Parkmöglichkeit: An der Talstation.
Gehzeiten: Bergstation – Hirzerhütte 15 Min., Hirzerhütte – Mahdalm 45 Min., Mahdalm – Riffelspitze bzw. Wetterkreuz 2 Std.; Abstieg vom Wetterkreuz über die Pfandleralm nach St. Martin 3 Std.; Abstieg von der Mahdalm nach Obertall (Mittelstation) 3 Std.
Anforderungen: Man benützt bei dieser Höhenwanderung einen Teil des Europäischen Fernwanderweges (bez. Nr. 5). Außer beim Aufstieg nach der Mahdalm, wo ein Felsstück mit Seilsicherung versehen ist, führt der gut ausgebaute Steig in leichtem Auf und Ab die Hänge entlang. Falls man den Abstieg vom Wetterkreuz ins Tal plant, muß man die öffentlichen Verkehrsmittel zur Rückkehr nach Saltaus benützen, und man bedenke, daß einem 1400 Abstiegshöhenmeter bevorstehen.
Höchste Punkte: Bergstation Klammeben, 1980 m, Hirzerhütte, 1983 m, Tallner Alm, 2017 m, Mahdalm, 1990 m, Riffelspitze (Wetterkreuz), 2060 m.
Einkehrmöglichkeiten: Hirzerhütte, Pfandleralm, Pfandlerhof, Obertall.
Sehenswertes: In der Umgebung von Saltaus Schildhof Haupold, heute behäbiger Bauernhof. Sehenswerte alte Einrichtung. Vom Höhenweg schöne Aussicht auf die Berge ringsum und eindrucksvolle Tiefblicke ins Passeier.

Bei dieser Höhenwanderung kann man ein gutes Stück Meraner Bergwelt begehen und von oben betrachten. Schöne Blicke auf die Texelberge im Westen. Das steile Saltauser Tal mündet tief drunten von Westen her ins Passeier. Unterhalb der Riffelspitze kann man in das wilde Kalmtal schauen, das mit steilen Hängen tief in die Texelberge hineinreißt.

Von Klammeben zum Wetterkreuz: Zuerst auf breitem Weg hinüber zur Hirzerhütte auf freier Anhöhe. Von hier folgt man dem Europäischen Wanderweg (Nr. 5), der zu den Gasthäusern Mahdalm und Hintereggalm führt, beliebten Wanderzielen vieler Seilbahnbenützer. Hinter der Mahdalm begegnen wir einem Steilstück mit Seilversicherung, dann führt der Steig wieder in gleicher Höhe, mehrere Hochtäler querend, unter dem Prantachkogel, 2326 m, durch bis unter die Riffelspitze, einen langen Kamm, dessen äußerster Punkt das Wetterkreuz ist. Wenn man hier kurz emporsteigt bis zum höchsten Punkt, hat man einen schönen Blick ins Fartleistal.

Vom Wetterkreuz nach St. Martin: Unterhalb der freien Höhe des Wetterkreuzes führt der Weg Nr. 5 durch Wald steil hinunter zur Pfandleralm. Von hier auf breitem Almweg hinab zum Pfandlerhof. Weiter wie Tour 15.

Abstieg von der Mahdalm zur Mittelstation: Von der Mahdalm führt ein Steig durch Wald hinüber in den Graben des Prantlbaches. Man trifft auf den breiten Weg, der nach Obertall hinunterführt. Man kann auch auf Steig Nr. 4 durch Wald zur Mittelstation hinuntergelangen.

18 Ifinger, 2581 m

Der Ifinger ist sozusagen das alpine Wahrzeichen Merans. Zu seinen Füßen die Erholungslandschaft Meran 2000

Ifinger Seilbahn – Plateau Meran 2000 – Ifinger – Meran 2000
Oder: Umrundung des Plateaus Meran 2000

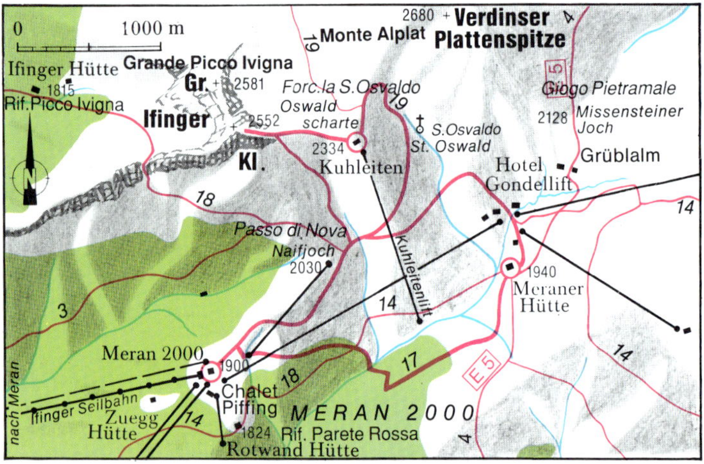

Talort: Meran, 300 m, internationale Kur-, Sport- und Ferienstadt, im weiten Talkessel am Zusammenfluß der Passer und der Etsch gelegen. Das besonders milde Klima und die Lage inmitten einer reizvollen Mittelgebirgs- und Berglandschaft, zusammen mit all den kulturellen Möglichkeiten, haben Meran zu der Kurstadt schlechthin gemacht.

Ausgangspunkt: Talstation der Ifinger-Seilbahn. Sie liegt östlich über Meran am Eingang der Naifschlucht. Erreichbar auf einer Straße, die südlich von Meran von der Staatsstraße abzweigt, oder mit Bus von Meran.

Parkmöglichkeit: An der Talstation.

Gehzeiten: Bergstation Ifinger-Seilbahn – Bergstation Kuhleitenlift 1½ Std., Kuhleitenlift – Kleiner-Ifinger-Gipfel ¾ Std., Abstieg Ifinger – Seilbahn-Bergstation 2 Std., Bergstation Ifinger-Seilbahn – Meraner Hütte – Bergstation 3 Std.

Anforderungen: Zum Ghs. Kuhleitenlift guter Weg, zum Gipfel des Kleinen Ifinger steiler Steig. Die Besteigung des Großen Ifinger erfordert einige Kletterkünste.

Höchste Punkte: Seilbahn-Bergstation 1900 m, Naifjoch, 2030 m, Bergstation Kuhleitenlift, 2334 m, Kleiner Ifinger, 2552 m, Großer Ifinger, 2581 m.

Einkehrmöglichkeiten: Seilbahn-Bergstation, Chalet Piffinger kurz oberhalb der Seilbahnstation, Bergstation Kuhleiten, Meraner Hütte.

Sehenswertes: Tiefblicke in die wilde Naifschlucht unter der Seilbahntrasse. Einblick in die wilden Felsfluchten des Ifingermassivs.

Von der Bergstation der Seilbahn zur Bergstation des Kuhleitenliftes: Von der Bergstation führt ein breiter Weg an der Ostflanke des Rückens, der das Naifjoch trägt, mäßig ansteigend unter dem Lift vorbei auf die Höhe des Kuhleitenliftes mit dem Gasthaus.

Vom Kuhleitenlift zum Gipfel: Vom Gasthaus Kuhleiten westwärts über den Rücken hinüber an den Steilaufbau des Berges. Auf schmalem, aber gut angelegtem Steig in Kehren empor zum Gipfel des Kleinen Ifinger.

Zum Gipfel des Großen Ifinger: Kurz bevor man den Gipfel des Kleinen Ifinger erreicht, zweigt nach rechts ein versicherter Klettersteig ab. Zuerst in der Flanke schräg aufwärts in ein Schartl. Jenseits kurz hinab, dann wieder empor und hinüber an den Beginn einer Verschneidung, die man mit Hilfe eines Drahtseiles erklettern kann. Über große Blöcke zum Gipfel. Dieser Anstieg wird der Schwierigkeit wegen auch an einem schönen und von Wanderern vollen Meran-2000-Tag nur von wenigen begangen.

Abstieg auf gleichen Wegen.

Meran-2000-Runde: Über die Meraner Hütte, am Ostrand der weiten Mulde von Meran 2000 gelegen, kann man das ganze Plateau erwandern. Man geht von der Bergstation der Seilbahn auf breitem Weg in großem Bogen zuerst nach Nordosten, dann nach Süden und erreicht die schön gelegene Meraner Hütte. Nun auf den Wegen 14, dann 17 zurück zur Bergstation der Seilbahn.

Aufstieg zum Ifinger; links die Station Kuhleiten, im Hintergrund die Dolomiten.

19 Hafling und Vöraner Joch

Von Hafling zur Aussichtshöhe auf dem Tschögglberg

Hafling – Vöraner Alm – Vöraner Joch – Leadner Alm – Hafling

Talort: Meran, 300 m (vgl. Tour 18).
Ausgangspunkt: Hafling-Dorf, 1300 m, am nordwestlichen Rand des ausgedehnten Hochplateaus östlich über dem Etschtal gelegen. Für dieses hochgelegene Gebiet hat sich der Name Tschögglberg eingebürgert.
Parkmöglichkeit: Parkplatz in Hafling-Dorf, hinter dem Tunnel.
Gehzeiten: Parkplatz – Wurzer Alm 1 Std., Wurzer Alm – Vöraner Alm 1 Std.; Abstieg Vöraner Alm – Hafling 1¾ Std.
Anforderungen: Gute bez. Wanderwege sowie teilweise Fahrwege.
Höchste Punkte: Wurzer Alm, 1709 m, Vöraner Alm, 1875 m, Vöraner Joch, 1932 m, Leadner Alm, 1540 m.
Einkehrmöglichkeiten: Ghs. Brunner, Wurzer Alm, Vöraner Alm, Leadner Alm.
Sehenswertes: Kirchlein St. Katharina in der Scharte, Pfarrkirche in Hafling. Von der Jochhöhe herrliche Rundsicht, freier Blick nach Osten ins Sarntal. Herrliche Wald- und Wiesenlandschaft des Haflinger Plateaus (Zucht- und Ursprungsgebiet der Haflingerpferde).

Das Haflinger Hochplateau bildet eine sanft gewellte, von Wald- und Wiesenhängen bedeckte, abwechslungsreich gegliederte Hochfläche, die von 1200 m bis 2000 m ansteigt. Ringsum von schroffen Abstürzen begrenzt, ist sie nur an wenigen Stellen zugänglich, d. h. auf Straßen erreichbar. Durch die Höhenlage bietet sich dieses wald- und wiesenreiche Gebiet zu wenig anstrengenden und erfrischenden Wanderungen an.

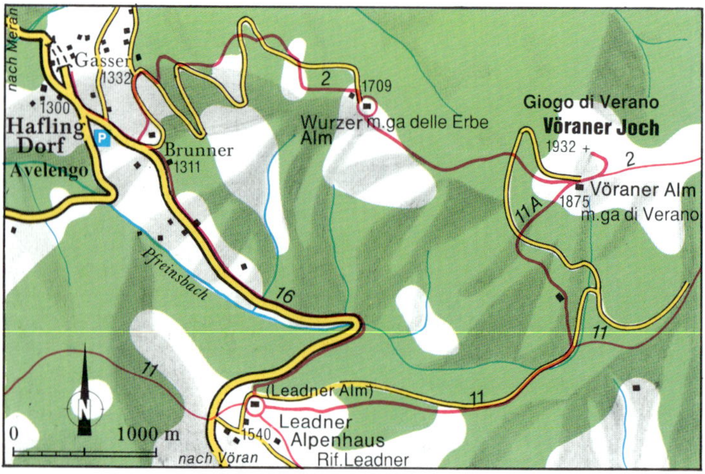

Von Hafling zur Vöraner Alm: Vom Parkplatz geht man zum Gasthaus Brunner empor. Ein Stück der Fahrstraße folgend, dann auf Weg Nr. 2, meist durch Wald, in mäßiger Steigung zur Wurzer Alm, 1702 m, dann weiter zur Vöraner Alm. Abstieg von hier zur Leadner Alm auf Weg Nr. 11.

Weiterweg von der Vöraner Alm zum Vöraner Joch: Von der Alm kurz empor auf das Vöraner Joch, 1932 m.

Vom Vöraner Joch über die Leadner Alm nach Hafling: Vom Joch zurück zur Vöraner Alm. Auf Weg 11 a und 11 durch Wald hinunter zur Leadner Alm. Von dort auf breitem Fahrweg zurück nach Hafling. Ein Stück kann man den Steig Nr. 16 als Abkürzung benützen.

Das Wanderparadies auf dem Haflinger Plateau.

20 Gfeis und Vernuer

Wanderung in ein hochgelegenes Bergbauerngebiet mit großartigem Rundblick

Kuens – Ungericht – Gereiter – Mutlechner – Gfeis – Vernuer – Riffian

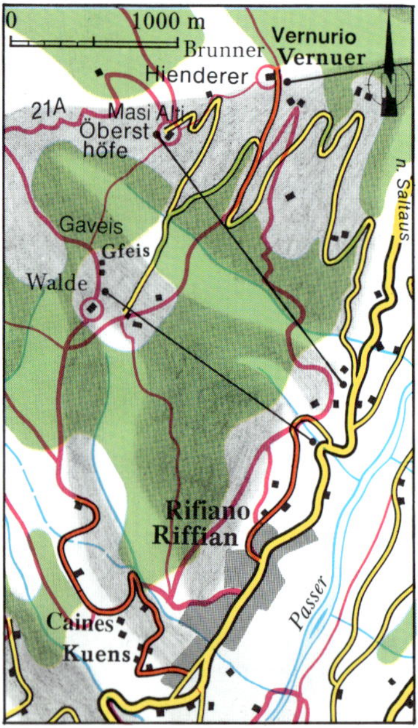

Talort: Kuens, 500 m, kleine Gemeinde nördlich von Meran am Eingang des Spronser Tales. Bereits im 8. Jahrhundert soll hier der Heilige Korbinian Reben gepflanzt und eine Kapelle erbaut haben.

Riffian, 500 m, talein von Kuens an der Passeirer Straße gelegen. Beliebter Ferienort inmitten von Obst- und Weingärten. Vielbesuchter Wallfahrtsort.

Ausgangspunkt: Kuens oder Riffian. Straße von Kuens über Ghs. Ungericht, Gereiter und zu den Höfen Mutlechner.

Parkmöglichkeit: In Kuens und Riffian kleine Parkplätze im Ort. Beschränkte Abstellmöglichkeiten an der Straße. Abstellplatz in der großen Kurve bei der Brücke im Graben unterhalb von Ungericht (Hochübel) oder beim Ghs. Ungericht. Parkplatz für Vernuer am Ortseingang. Der Ort ist mit PKW nicht erreichbar.

Gehzeiten: Von Kuens oder Riffian zum Ghs. Ungericht 35 Min., hierher vom Parkplatz Hochübel 10 Min. Von Ungericht nach Gfeis, Ghs. Walde $1\frac{1}{2}$ – 2 Std., Gfeis – Vernuer 1 Std.; Abstieg von Vernuer nach Riffian 2 Std., Abstieg von Vernuer nach Ungericht bzw. zum Parkplatz 3 Std., von Gfeis nach Riffian $1\frac{1}{2}$ Std.

Anforderungen: Teilweise steile, aber gute Steige.

Höchste Punkte: Ghs. Bergrast, Gfeis, 1187 m, Ghs. Walde, Gfeis, 1296 m.

Einkehrmöglichkeiten: Ghs. Ungericht, Ghs. Bergrast, Walde, Ghs. Brunner in Vernuer.

Sehenswertes: Wallfahrtskirche und Friedhofskapelle in Riffian, Waalwege am Oberrand von Kuens und Riffian. In Gfeis und Vernuer herrliche Talblicke.

In den Orten Gfeis und Vernuer, oberhalb davon Öberst, steigen auf steiler Hangterrasse die ganzjährig bewohnten Siedlungen bis in 1400 m Höhe. Bis vor wenigen Jahren nur zu Fuß erreichbar, sind die Orte durch eine schmale, kurvenreiche Straße erschlossen. Sie zweigt nördlich von Riffian von der Passeirer Talstraße ab. Hier hat sich noch teilweise der ursprüngliche Charakter von Landschaft, Bauweise und Lebensart erhalten.

Von Kuens oder Riffian nach Gfeis: Von Kuens auf dem Sträßlein empor zum Abstellplatz in der Kurve und zum Gasthaus Ungericht. Hierher von Riffian vom südlichen Ortsende (Abzweigung beim Ghs. Hütterhof) zuerst auf der Straße, dann auf einem Steig (Nr. 21), der zum Waldrand, den Waalweg querend, und links hinüber zur Straße und zum Gasthaus Ungericht bringt. Der Weg Nr. 21a führt von Riffian direkt empor nach Gfeis. Wir steigen etwas weniger steil von Ungericht empor zum Hof Mutlechner, von hier auf Weg Nr. 21 durch Wald empor zum Gasthof Walde in Gfeis. Den Gasthof Bergrast erreicht man, indem man bei Überqueren des Meraner Höhenweges diesen nach rechts, nordwärts, geht (10 Min.).

Von Gfeis nach Vernuer: Vom Gasthaus Walde auf der Fahrstraße leicht fallend nordwärts hinüber zum Kirchlein in Vernuer und zum Gasthaus Brunner.
Vom Gasthaus Bergrast, das etwas unterhalb liegt, führt der Meraner Höhenweg (mit Nr. 24 bez.) hinüber zum Gasthaus Brunner, unterhalb der Kirche in Vernuer.

Abstieg von Vernuer nach Riffian: Vom Gasthaus Brunner kann man auf steilem Plattenweg, der früher die Verbindung mit dem Tal darstellte, nach Riffian absteigen (bez. Nr. 5). Oder auf gleichem Weg zurück über Gfeis nach Kuens.

Almhütten auf 1800 m über Gfeis.

21 Hahnenkamm, 2120 m

Leicht erreichbarer Aussichtsgipfel über Riffian und Ausgangspunkt für eine alpine Rundwanderung

Öberst – Hahnenkamm – Obisellalm – Vernuer Alm – Öberst

Talort: Riffian, 500 m (vgl. Tour 20).
Ausgangspunkt: Öberst, 1387 m, Häusergruppe am Ende der befahrbaren Straße, die von der Talstraße 2 km nördlich von Riffian abzweigt.
Parkmöglichkeit: Kleiner Parkplatz beim Öberst. An der Straße vor Vernuer.
Gehzeiten: Öberst – Hahnenkamm 2 Std., Rückweg vom Gipfel nach Öberst 1½ Std.; Runde: Hahnenkamm – Obisellalm (Obisellsee) – Untere Obisellalm – Vernuer Alm – Öberst 3-4 Std.
Anforderungen: Gute Steige, der Gipfelanstieg etwas steil, ebenso der Abstieg von der Unteren Obisellalm.
Höchste Punkte: Hahnenkamm, 2120 m, Obere Obisellalm, 2160 m (und See), Untere Obisellalm, 2002 m, Vernuer Alm, 1490 m.
Einkehrmöglichkeiten: Öberst, Obere Obisellalm.
Sehenswertes: Beim Aufstieg zum Hahnenkamm und vor allem vom Gipfel schöner Blick auf den im Osten aufragenden Bergkamm mit Hirzer und Ifinger. Blick ins Spronser Tal und auf die Texelberge. Besonders schöner Schalenstein, die »Schatzplatte«, am Abstiegsweg kurz vor Erreichen von Öberst von der Vernuer Alm aus.

Diese Gipfelbesteigung bietet durch die vorgeschobene Lage des Berges schöne Ausblicke nach Osten und Süden. Nach Überwindung der ersten 700 Höhenmeter erwarten den Wanderer keine besonderen Anstiege mehr, man erreicht nach Queren der Hänge die malerisch im Felsenkessel gelegene Obisellalm mit dem Obisellsee in einer weiten Moormulde.

Sonniger Oktobertag bei der Obisellalm.

Anstieg zum Hahnenkamm von Öberst: Vom Parkplatz beim Öberst gerade über den steilen Hang (Hinweisschild »Hahnenkamm«) auf Weg Nr. 21a steil empor in den Wald. Hier in Serpentinen im schattigen Wald empor, an einer kleinen Alm vorbei, auf das freie Rasengelände. Über den Grasrücken hinauf zum verfallenen Schafstall und etwas ausgesetzter in kleinen Kehren zum Gipfel.

Vom Hahnenkamm zum Obisellsee und zur Obisellalm: Unterhalb des Gipfels des Hahnenkamms beginnt ein guter Steig, der den Nordhang des langen Kammes quert und in das Blockkar unter der Alm hinüberführt (»Lustige Kameraden Steig«). Wir halten uns zweimal links an den oberen Steig und erreichen die moosige Hochfläche mit der Hütte.

Abstieg von der Oberen Obisellalm nach Öberst: Auf dem Steig über die Hochfläche zurück und nun gerade in Kehren zwischen großen Blöcken und Felsstellen hinab zur Unteren Obisellalm (oft fälschlich als Stieralm bezeichnet). Von hier kann man aufwärts zurück zum Hahnenkammrücken queren und nach Öberst absteigen. Oder man geht weiter in vielen Kehren sehr steil und etwas steinig talwärts zur Vernuer Alm. Dann nach rechts an den Hang. Man erreicht die Forststraße (Materialseilbahnstation). Durch Wald abwärts auf die Wiesen von Öberst und zurück zum Parkplatz.

22 Dorf Tirol – Riffian

Wanderung am Oberrand der weiten Obst- und Weinkulturen an den Eingang ins Passeier

Dorf Tirol – Schloß Auer – Gasthof Ungericht – Waalweg – Riffian

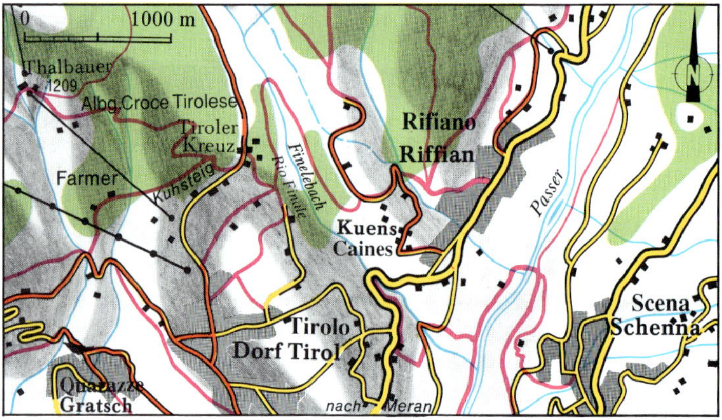

Talort: Meran, 300 m (vgl. Tour 18).
Ausgangspunkt: Dorf Tirol, 640 m, nördlich über Meran auf aussichtsreicher Sonnenterrasse gelegen.
Von Meran mit PKW über die Straße erreichbar. Abzweigung nördlich von Meran von der Passeirer Straße. Vom alten Stadtkern zu Fuß über den Tiroler Steig zur Straße südlich von Dorf Tirol. Hierher auch mit dem kleinen Sessellift.
Parkmöglichkeit: In Meran und am Südrand von Dorf Tirol Parkplätze, Abstellmöglichkeit am Nordrand des Ortes bei der Talstation der Hochmut-Seilbahn (beschränkt) und am Straßenrand des Ghs. Tiroler Kreuz (Ende der befahrbaren Straße).
Gehzeiten: Meran – Dorf Tirol 1 Std., Dorf Tirol – Ghs. Ungericht 1½ Std., Ungericht – Riffianer Kirche 1 Std. Hin- und Rückweg 4 – 5 Std.
Anforderungen: Wanderwege ohne besondere Steigungen, teilweise Straße.
Höchste Punkte: Dorf Tirol, 640 m, Tiroler Kreuz, 806 m, Ghs. Ungericht, 725 m.
Einkehrmöglichkeiten: Dorf Tirol, Ghs. Ungericht, Ghs. Tiroler Kreuz, Riffian.
Sehenswertes: Schloß Auer, am Steilhang über dem Finelebach. Auf dem Weg die Waalwege neben den Bewässerungsanlagen. Wallfahrtskirche zur Schmerzhaften Muttergottes oberhalb von Riffian, vielbesuchter Wallfahrtsort, daneben die Friedhofskapelle mit Fresken. Bereits im 8. Jh. errichtete der Hl. Korbinian in Kuens eine Kapelle, sie ist die älteste in der Umgebung. Korbinian war Bischof von Freising.

Die Wanderwege um und über Meran können fast das ganze Jahr begangen werden. Ob man im April die Blütenpracht der Obstkulturen, oder im Herbst die Unmenge an gelben und roten Äpfeln, die dunklen Trauben bewundert und verkostet, immer kann man auf diesem Weg Wander-, Gaumen- und Kulturfreuden genießen.

Dorf Tirol – Tiroler Kreuz – Gasthof Ungericht: Von Dorf Tirol über die Hauptstraße durch den Ort und hinauf zum Tiroler Kreuz. Hierher auch auf dem Fußweg über das Seminar. Vom Tiroler Kreuz auf breitem Forstweg ins Fineletal. Nach 15 Min. rechts ab und auf Steig in den Bachgrund. Jenseits talaus und zum Ghs. Ungericht. Im Bachgrund Wasserfall mit Naturbecken.

Gasthaus Ungericht – Riffianer Kirche: Von Ungericht auf der Straße im Bogen in den Graben oberhalb von Kuens zum Abstellplatz Hochübel. Nun jenseits des Grabens zum Riffianer Waalweg hinunter und am Oberrand der Kulturen, teilweise im Wald eben hinüber bis zum Hof oberhalb der Kirche in Riffian. Hier führt ein Weg abwärts zur Kirche St. Maria. Der Waalweg führt als »Rösslsteig« durch Wald weiter bis nach Saltaus.

Rückkehr auf gleichem Weg. Oder von der Kirche auf Treppen hinab zum kleinen Parkplatz und auf dem Sträßlein hinunter nach Riffian. Mit Bus zurück nach Meran oder Dorf Tirol.

Weinberge über Riffian.

23 Spronser Tal – Longfallhof, 1075 m

Vom sonnigen Küchelberg ins schattige Spronser Tal

Dorf Tirol – Schloß Auer – Mutlechner – Waalweg – Longfallhof – Tiroler Kreuz – Dorf Tirol

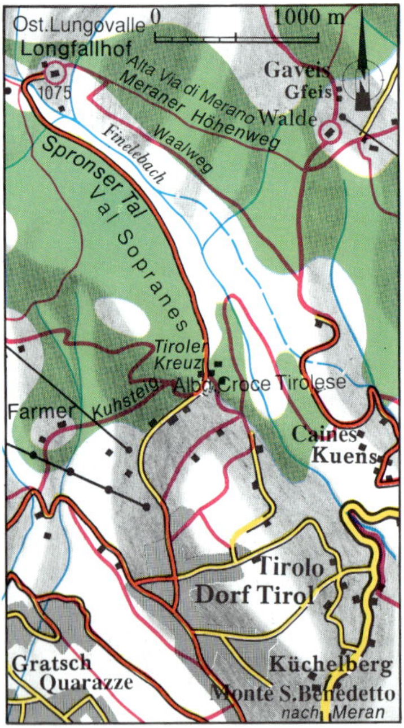

Talort: Meran, 300 m (vgl. Tour 18).
Ausgangspunkt: Schloß Auer im Osten von Dorf Tirol.
Parkmöglichkeit: Am Dorfeingang von Tirol Parkplätze sowie im Bereich von Schloß Auer.
Gehzeiten: Parkplatz Dorf Tirol – Schloß Auer 20 Min., Schloß Auer – Mutlechner 1 Std., Mutlechner – Longfallhof 2 Std., Longfallhof – Spronser Forstweg – Tiroler Kreuz 2 Std.
Anforderungen: Gute Wege, im Spronsertal schattig. Die ganze Runde erfordert einige Kondition.
Höchste Punkte: Mutlechner, 837 m, Longfallhof, 1075 m, Tiroler Kreuz, 806 m.
Einkehrmöglichkeiten: Longfallhof, Tiroler Kreuz.
Sehenswertes: Schloß Auer mit schöner Anlage (das Innere ist nicht zu besichtigen), Waalwege ins Spronser Tal, Aussicht vom Tiroler Kreuz nach Dorf Tirol und ins Meraner Becken.

Der breite, sonnige Rücken über Meran, auf dem sich heute das Dorf Tirol mit seinen schmucken Häusern, Pensionen und Hotels ausbreitet, ist bereits seit langer Zeit besiedelt. Im Nordosten wird dieser Mittelgebirgsbuckel, den man Küchelberg nennt, vom Spronser Tal begrenzt. Zenoberg und Segenbühel bilden seine letzten Erhebungen im Norden über Meran. Von Gfeis erreicht man den Longfallhof über den Meraner Höhenweg ohne große Anstiege, auch von der Bergstation Hochmuter führt ein Teil des Meraner Höhenweges hinein zum Longfallhof.

Von Tirol zum Longfallhof: Vom östlichen Dorfausgang auf der Straße nach Schloß Auer und hinein ins Fineletal. Man überquert den Bach und geht auf der anderen Seite talaus (siehe Tour 22) und zum Gasthaus Ungericht. Hier folgt man der Straße im Bogen empor über die Höfe Gereit zum

Mutlechner. Von dort schlägt man den Wanderweg Nr. 21 ein und geht ca. 200 m bergan. Nun biegt man links ab und folgt dem Kuenser Waalweg, der schattig den Hang entlang hineinführt. Drunten im Tal liegt die Longfaller Säge am Forstweg. Bei Wegverzweigungen im Tal drinnen links halten und zuletzt über Wiesen kurz empor zum Longfallhof.

Longfallhof – Tiroler Kreuz – Tirol: Vom Longfallhof benützt man die Forststraße, die mäßig fallend am rechten Talhang des Finelebaches hinausführt. Man erreicht das Tiroler Kreuz hoch über dem Finelebach. Von hier entweder auf der Straße zurück nach Dorf Tirol oder über Steige direkt hinab nach Schloß Auer und zurück ins Dorf.

Vom Mutspitzrücken schaut man tief hinunter ins Spronser Tal.

24 Schloß Tirol – Vellau

Der Sonnenhang westlich über Meran

Dorf Tirol – Schloß Tirol – Birbamegg – Vellau – Locherbauer – Ochsentod – Schloß Thurnstein – St. Peter – Schloß Tirol – Dorf Tirol

Talort: Meran, 300 m (vgl. Tour 18).
Ausgangspunkt: Dorf Tirol, 640 m.
Parkmöglichkeit: Am Südende des Ortes Tirol Parkplätze, Parkplatz bei der Seilbahn-Talstation.
Gehzeiten: Parkplatz am Südende von Dorf Tirol – Schloß Tirol ½ Std., Schloß Tirol – Vellau 1½ – 2 Std., Vellau – Locherbauer – Thurnstein – Dorf Tirol – Parkplatz 2½ Std.
Anforderungen: Breite Wege, im Wald schmale, aber gut angelegte Steige.

Einkehrmöglichkeiten: Schloß Tirol, Birbamegg, in Vellau mehrere Gaststätten, Schloß Thurnstein.
Sehenswertes: Schloß Tirol, einstige Residenz der Grafen von Tirol, auf einem Moränenhügel westlich von Dorf Tirol. Oberhalb vom Birbamegghof schöner Schalenstein, etwas unterhalb des Steiges.
Herrliche Aussicht von Vellau auf das Etschtal und die umliegenden Berge. Schloß Thurnstein, St. Peter.

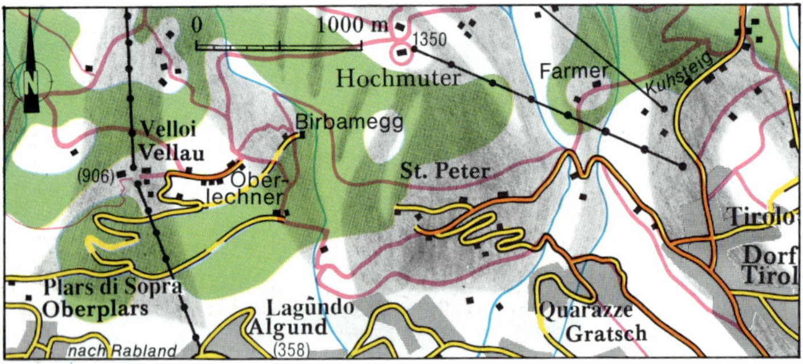

Die Wanderung über den Sonnenhang oberhalb von Meran mit seinen vielen Sehenswürdigkeiten und der prächtigen Aussicht kann man fast das ganze Jahr über machen. Im Herbst besonders lohnend.

Von Dorf Tirol über das Birbamegg nach Vellau: Vom westlichen Ortsrand, den man über die Falknerpromenade erreicht, führt ein asphaltierter Weg hinüber zum Schloß Tirol. Man geht daran vorbei und kommt nach Überqueren des Köstengrabens zur Wegabzweigung nach Vellau. Auf dem Weg Nr. 26 wandert man oberhalb von St. Peter den Hang entlang hinein in den Graben des Grabbaches und wendet sich dann hinauf auf das Birbamegg. Vom Gasthaus geht man von der Fahrstraße rechts ab und steigt in

Schloß Tirol gegen Ifinger.

Kehren im Wald empor und kommt an den Ostrand des Wiesenhanges von Vellau. Zur Kirche muß man noch weiter ansteigen.

Von Vellau über Schloß Thurnstein nach Dorf Tirol: Von Vellau geht man auf dem Anstiegsweg zurück zum Birbamegg. Hier wandert man auf Weg Nr. 25 am Rand des steilen Grabbachgrabens talab, dann in den Bachgrund hinab und über den Bach. Entlang des Baches hinab zum Locherbauer. Unterhalb zweigt nach Osten (links) ein Steig ab, der über den »Ochsentod« genannten uralten Plattenweg zu einem Bildstock mit Ruhebank führt. Von hier kurz hinüber zum Gasthaus Schloß Thurnstein mit Aussichtsterrasse. Von hier auf dem Fahrweg zum Kirchlein St. Peter und Schloß Tirol und wie beim Anstieg zurück zum Parkplatz.

25 Hochganghaus, 1839 m, und Hochgangscharte, 2441 m

Waldspaziergang zum schöngelegenen Hochganghaus und kühner Felsenweg zur Hochgangscharte

Vellau – Leiteralm – Hochganghaus – Hochgangscharte

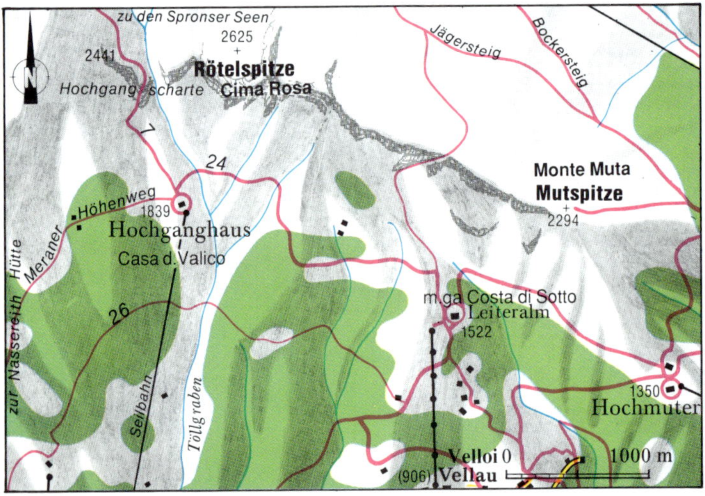

Talort: Algund, 350 m, westlich von Meran inmitten der Weingärten. Auf der Straße (Busverbindung) von Meran her erreichbar. Am Nordrand von Algund Talstation des Sesselliftes.

Ausgangspunkt: Vellau, 906 m, kleine Siedlung auf steiler sonniger Hangterrasse hoch über dem Tal. Hierher mittels Sessellift oder über die Fahrstraße. Die Straße ist asphaltiert und überwindet in vielen Kehren den steilen Hang. Von Vellau mittels Lift zur Leiteralm, 1522 m.

Parkmöglichkeit: An der Talstation des Sesselliftes Algund – Vellau. An der Talstation des Korbliftes Vellau – Leiteralm.

Gehzeiten: Bergstation Leiteralm – Hochganghaus 2 Std., Hochganghaus – Hochgangscharte 2 Std.

Rückweg: Hochgangscharte – Hochganghaus 1¾ Std., Hochganghaus – Leiteralm 1¾ Std.; Abstieg Leiteralm – Vellau ¾ Std.

Anforderungen: Zum Hochganghaus guter Wanderweg im Wald, zur Hochgangscharte ausgesetzter, gesicherter Felsensteig.

Höchste Punkte: Hochganghaus, 1839 m, Hochgangscharte, 2441 m.

Einkehrmöglichkeiten: Vellau, Leiteralm, Hochganghaus. Im Abstieg von der Leiteralm: Ghs. Oberplatzer, Ghs. Kienegger.

Sehenswertes: Blumenreiche Almregion um das Hochganghaus. Gipfelschau von der Hochgangscharte.

Durch Benützung der Lifte erlangt man einen beinahe mühelosen Zugang zur Bergregion um das Hochganghaus. Im Norden des Wiesenplanes erhebt sich die Felskulisse, die Meran und das untere Vinschgau überragt.

Bergstation Leiteralm – Hochganghaus – Hochgangscharte: Von der Bergstation des Korbliftes steigt man in etwa 10 Min. hinauf zur Leiteralm. Von hier verfolgen wir den Weg Nr. 24 (›24‹ ist überall die Bezeichnung für den Meraner Höhenweg, den wir hier ein Stück weit gehen), der durch Wald, in leichtem Auf und Ab, hinüberführt zum Hochganghaus. Vom Hochganghaus führt der Steig Nr. 7 in kleinen Kehren den steilen Latschenhang aufwärts unter die Felsen des Hochgang. Dieser Teil der Strecke ist der Sonne ausgesetzt. Durch die Felspassagen führt der gut angelegte und mit Seilsicherungen versehene Steig kühn empor in die Hochgangscharte.

Rückweg: Auf dem Anstiegsweg.

Abstieg Leiteralm – Vellau: Wer von der Leiteralm nicht bergwärts, sondern nur talwärts wandern möchte, dem bietet sich der Abstieg auf Weg Nr. 25 direkt hinab zum Kirchlein in Vellau an. Ein weiterer Abstiegsweg führt von der Leiteralm zuerst auch auf Weg Nr. 25 wie oben steil bergab, dann zweigt man aber auf Weg Nr. 25a nach rechts ab zum Gasthaus Oberplatzer, 1302 m. Von dort hinunter zum Gasthaus Kienegger, 1101 m, auf einer Aussichtskanzel über Vellau. Vom Kienegger führt sowohl ein breiter Fahrweg als auch ein Wanderweg bergab zum Parkplatz in Vellau. Von dort mit dem Lift oder mittels Auto nach Algund zurück.

Auf der Hochgangscharte. Links Hasenöhrl und Ortlerberge, rechts die Texelberge.

26 Lodnerhütte, 2259 m

Alpine Wanderung in das Herz der Texelberge

Birkenwald – Steinerhof – Nassereithhütte – Lodnerhütte

Talort: Partschins, 642 m; 8 km westlich von Meran gelegen. Hier mündet von Norden das romantische Zieltal ein, das in den Naturpark Texelgruppe emporleitet.
Ausgangspunkt: Ghf. Birkenwald, 928 m, und Ghs. Wasserfall, 1073 m, Häusergruppe im inneren Zieltal, nahe dem Ende der befahrbaren Straße von Partschins ins Zieltal (Gemeinde Tabland).
Parkmöglichkeit: Parkplatz nahe Ghf. Birkenwald an der Straße. Parkmöglichkeit an Straße in der Nähe der Talstation der Personenseilbahn zum Steinerhof.
Gehzeiten: Steinerhof – Nassereith 20 Min., Nassereith – Lodnerhütte 2½ Std.; Rückweg: Lodnerhütte – Nassereith 2 Std., Nassereith – Steinerhof 20 Min.
Anforderungen: Der Weg vom Steinerhof nach Nassereith ist ein schmaler Steig durch eine Steilhangwiese. Hüttenweg zur Lodnerhütte ist gut angelegt.
Höchster Punkt: Lodnerhütte, 2259 m.
Einkehrmöglichkeiten: Nassereithhütte, Lodnerhütte.
Sehenswertes: Partschinser Wasserfall. Um die Lodnerhütte eindrucksvolle Hochalpenlandschaft.

Durch den Bau der Straße ist das Zieltal ein vielbesuchter Ausflugsort geworden. Neue Gasthäuser und die kleine Seilbahn zum Steiner locken die Wanderer auch in größere Höhen als früher.

Von Birkenwald nach Nassereith: Von Birkenwald auf der Straße weiter talein bis zur Talstation der kleinen Privatseilbahn zum Steiner. Man kann bei der Talstation mittels Telefon die Gondel herbeirufen. Die Seilbahn überquert

Die Lodnerhütte, rechts im Hintergrund der Tschigat.

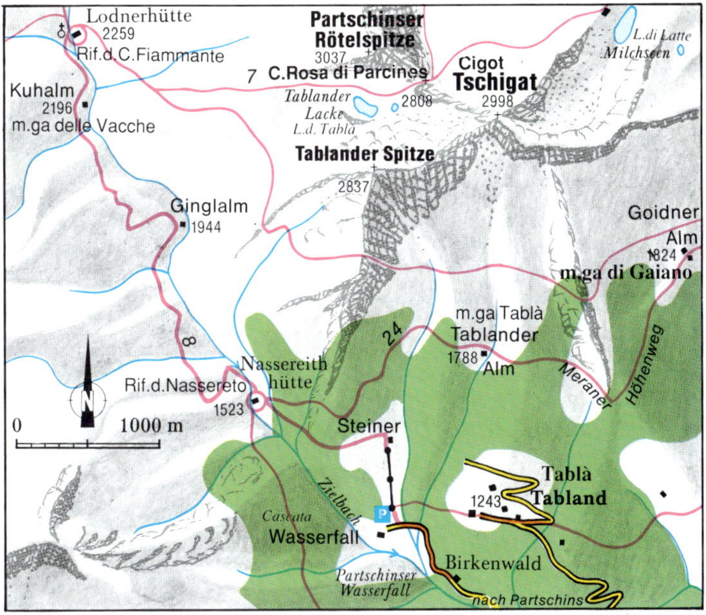

den steilen und wilden Hohlengraben. Vom Steinerhof aus, einem der höchstgelegenen von Tabland, links über die steilen Wiesenhänge hinauf, dann am Talhang hinein und durch Wald zur Nassereithhütte.

Von der Nassereithhütte zur Lodnerhütte: Von Nassereith auf Weg Nr. 8 in Kehren den weiten Hang empor. Man überquert mehrere Bäche und geht auf dem mit Platten belegten Weg an der orographisch rechten Talseite hinein. Um ein auffallendes Eck herum. Man erreicht die Ginglalmhütten und steigt in Kehren den Rücken empor. Dann hinein zur Kuhalm. Um den nächsten Rücken herum, über den Bach und zur Hütte hinauf.

Oder: Von Nassereith auf dem Meraner Höhenweg zum Hochganghaus: Dieses Wegstück des Meraner Höhenweges (Nr. 24) ist besonders schön (auch als »Jugendweg« bez.). Hinter der Nassereithhütte überschreitet man den Zielbach, dann geht es hinauf zur Tablander Alm, 1788 m. Weiter zieht sich der Weg durch Wald und Wiesen zur malerisch gelegenen Gojener Alm hin. An riesigen Felsbrocken und einem Felssturz vorbei und hinauf zum Hochganghaus, 1839 m. Abstieg zur Leiteralm wie in Wanderung 25.

27 Blasiuszeiger, 2837 m

Leicht ersteigbarer Aussichtsberg westlich über dem inneren Zieltal

Lodnerhütte – Blasiuszeiger – Lodnerhütte

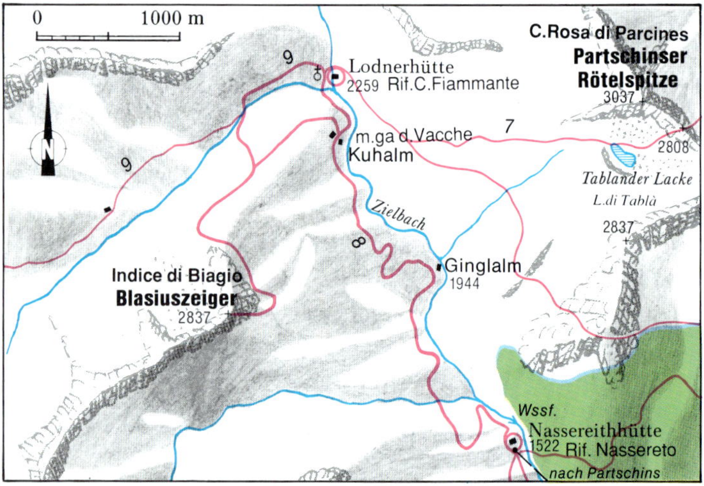

Talort: Partschins, 642 m, 8 km westlich von Meran, östlichster Ort des unteren Vinschgaues (vgl. Tour 26).

Ausgangspunkt: Lodnerhütte, 2259 m, 13 Betten, 30 Matratzenlager. Um 18 Uhr Rucksacktransport von Nassereith zur Kuhalm unter der Hütte. Stützpunkt für viele Touren und Übergänge in der Texelgruppe. Im Sommer viel besucht! Anmarsch siehe bei Tour 26.

Parkmöglichkeit: Parkplatz bei Birkenwald, an der Straße bei der Talstation der Steinerseilbahn. Die Fahrstraße bis Birkenwald hat Wanderungen in die Texelberge ungemein attraktiver gemacht.

Gehzeiten: Lodnerhütte – Blasiuszeiger 2 Std., Rückweg 1¾ Std., Rückweg nach Nassereith 2 Std., zum Steinerhof 20 Min. (Bergstation der Seilbahn).

Anforderungen: Schmaler Steig, der Rücken hinauf zum Gipfel ist steil.

Höchster Punkt: Gipfel des Blasiuszeiger, 2837 m.

Einkehrmöglichkeit: Nur Lodnerhütte.

Sehenswertes: Blick auf die nahen Gipfel der Texelgruppe und die Hochwilde im Norden. Südlich unter dem Blasiuszeiger liegt die Könighofer Alm.

Den Blasiuszeiger kann man als Hausberg der Lodnerhütte bezeichnen, denn er ist der am leichtesten zu ersteigende Gipfel in ihrem Bereich. Alle anderen sind weit schwieriger und es müssen größere Höhenunterschiede in Kauf genommen werden.

Von der Lodnerhütte zum Blasiuszeiger: Von der Hütte führt die Markierung unterhalb der Kapelle in das westliche Tal (zuerst gemeinsamer Anstieg, Roteck, Gfallwand, Blasiuszeiger, Zielspitze). Dann zweigt man bald vom Weg Nr. 9 links ab, geht zum Bachgrund hinunter und überquert diesen. Der Weg führt in Kehren südwärts auf und unter dem Rücken (Kreuz) empor und quert schließlich die steile Ostflanke des Blasiuszeiger. Bevor der Steig sich in die Südflanke des Berges wendet, rechts ab und steil empor zum Gipfel. (Der Steig führt weiter zur Zielspitze.)

Rückkehr auf dem gleichen Weg. Will man beim Abstieg nicht wieder zur Lodnerhütte zurück, kann man vom letzten Rücken südlich der Hütte, weglos, direkt zur Kuhalm absteigen und talaus nach Nassereith zurückkehren.

Anstieg zum Halsljoch, unter dem Weg die Tablander Lacken; Blasiuszeiger mit Wolkenfahne, in der Bildmitte die Gfallwand.

28 Halsljoch, 2808 m

Leichte, aussichtsreiche Hochgebirgswanderung von der Lodnerhütte aus

Partschins – Birkenwald – Nassereith – Lodnerhütte – Halsljoch – Lodnerhütte

Talort: Partschins, 642 m (vgl. Tour 26).
Ausgangspunkt: Lodnerhütte, 2259 m (vgl. Wanderung 26). Zu erreichen über Partschins, Birkenwald, Steinerhof, Nassereith auf dem Hüttenweg.
Parkmöglichkeit: Parkplatz beim Gasthaus Birkenwald im Zieltal, oder an der Straße bei der Talstation der Personenseilbahn zum Steinerhof.
Gehzeiten: Steinerhof – Nassereith 20 Min., Nassereith – Lodnerhütte 2½ Std., Lodnerhütte – Halsljoch 2 Std. Zum Gipfel der Lazinser Rötelspitze 30 Min.; Abstieg vom Halsljoch zur Lodnerhütte 2¾ Std., Abstieg von der Lodnerhütte zum Steinerhof 2½ Std.
Anforderungen: Gut ausgebauter Steig zum Halsljoch. Steigspuren und Schrofen beim Aufstieg zur Lazinser Rötelspitze.
Höchster Punkt: Halsljoch, 2808 m.
Einkehrmöglichkeit: Lodnerhütte, unterwegs keine.
Sehenswertes: Im innersten Zieltal Partschinser Wasserfall, auf dem Weg zur Lodnerhütte der in Kaskaden hinunterstürzende wilde Zielbach. Auf dem Weg zum Halsljoch schöner Blick zur Zielspitze und zum Blasiuszeiger, vom Joch hinab ins Lazinstal und auf den schönen Bergsee in der Mulde westlich unter dem Joch.

Das Halsljoch, obwohl kein Gipfel, bietet wegen seiner großen Höhe, die man ohne besondere Schwierigkeiten auf dem Steig erreicht, eine schöne Sicht auf die Texelberge, vor allem auf die Ostflanken von Lodner und Hoher Weiße, ebenso blickt man nach Süden gegen die Ortlerberge. Direkt nördlich über dem Joch steht die Lazinser Rötelspitze, ein leicht zu ersteigender Dreitausender, der Tschigat südlich über dem Joch ist zwar etwas niedriger, wegen seines schroffen Grates und seiner Eisflanke jedoch ungleich schwieriger zu ersteigen.

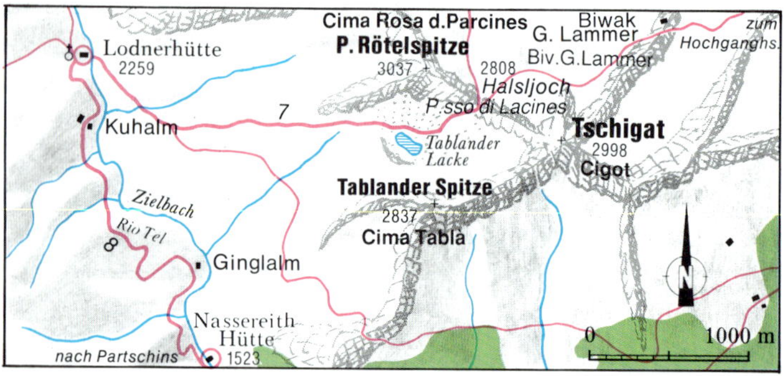

Rast am Halsljoch, rechts der Anstiegsweg zur Partschinser Rötelspitze.

Von der Lodnerhütte zum Halsljoch: Kurz hinter der Hütte zweigt der Weg Nr. 7 nach rechts ab und führt über den Zielbach an den Hang empor. Bei der nächsten Wegteilung links ab und in schön angelegten Kehren über grasige, dann Block- und Schutthänge empor, bis man den Felsenkessel erreicht, in dem die Tablander Lacken, schöne Hochgebirgsseen, eingebettet liegen. Im Frühsommer sind sie oft zugefroren, im Hochsommer und Herbst bieten sie mit ihren klaren Farben ein herrliches Bild. Nun in Kehren den letzten Hang empor zum Joch.
Vom Halsljoch kann man den Übergang über die Milchseescharte und die Hochgangscharte zum Hochganghaus machen (schöner hochalpiner Übergang, 4 Std.).
Oder: Vom Joch durch das Lazinstal hinaus nach Pfelders (4 Std., vgl. Wanderung 8).
Abstieg vom Hochganghaus direkt nach Partschins in 2 Std.

Rückkehr vom Halsljoch zur Lodnerhütte auf dem Anstiegsweg. Ebenso zurück auf dem Hüttenweg von der Lodnerhütte nach Nassereith und zum Steinerhof. Von dort mit Seilbahn zutal und nach Birkenwald.

29 Farmerkreuz, 816 m

Rundweg um Schloß Tirol

Dorf Tirol – Schloß Tirol – Farmerkreuz – Kuhsteig – Tiroler Kreuz – Dorf Tirol

Talort: Meran, 300 m, Dorf Tirol, 640 m (vgl. Tour 18).
Ausgangspunkt: Parkplatz am Südende von Dorf Tirol.
Parkmöglichkeit: Am Ortseingang von Dorf Tirol Parkplätze.
Gehzeiten: Parkplatz – Schloß Tirol ½ Std., Schloß Tirol – Farmerkreuz ¾ Std., Farmerkreuz – Tiroler Kreuz ½ Std., Tiroler Kreuz – Parkplatz ¾ Std.; insgesamt etwa 3 Std.
Anforderungen: Gute Spazierwege.
Höchster Punkt: Aussichtspunkt Farmerkreuz, 816 m.
Einkehrmöglichkeit: In Dorf Tirol zahlreiche Gastbetriebe, Kiosk bei Schloß Tirol, Terrassencafé Farmerkreuz, Tiroler Kreuz.
Sehenswertes: Schöner Blick auf die Umgebung von Dorf Tirol, Schloß Tirol, Brunnenburg. Erdpyramiden.

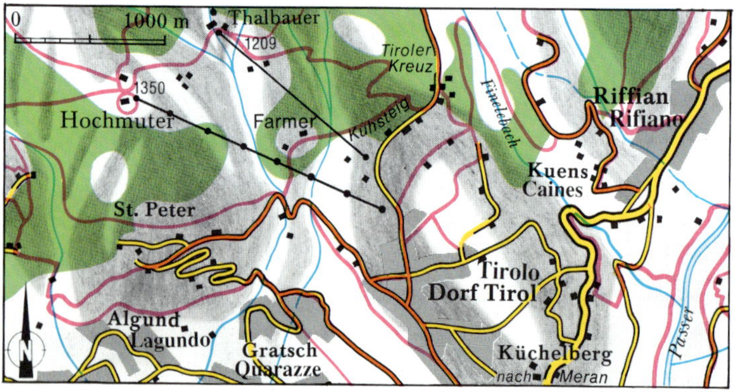

Dieser Rundgang gibt uns eine Übersicht über das zentrale Burggrafenamt. Wir begehen die Falknerpromenade, sie ist wegen ihrer botanischen Kostbarkeiten zu fast allen Jahreszeiten einen Besuch wert. Der Serpentinenweg am Rand des tiefen Köstengrabens gibt den Blick frei auf bizarre Erdpyramiden. Felsbrocken liegen obenauf und verhindern das Abtragen des Materials.

Von Dorf Tirol zum Farmerkreuz: Vom Parkplatz am Südeingang von Dorf Tirol oder von Dorf Tirol über die Falknerpromenade an den Westrand des Ortes. Von hier hinüber zu Schloß Tirol. Vom Kiosk mit der Weinlaube zum Laner Hof. Dahinter kurz hinab gegen die Fahrstraße. Unmittelbar vorher zweigt rechts der »Burgfriedensteig« ab, der in Kehren steil emporleitet zu den Farmerhöfen. Der Weg führt an den Rand des Köstengrabens heran. Oberhalb der Farmerhöfe rechts hinüber zum Farmerkreuz.

Vom Farmerkreuz nach Dorf Tirol: Vom Farmerkreuz dem ostwärts verlaufenden »Kuhsteig« folgen, der durch Wald hinüberführt zum Gh. Tiroler Kreuz. Der Fußweg nach Dorf Tirol zweigt 50 m unterhalb vom Gh. Tiroler Kreuz von der Straße ab und führt steil hinab zum Ort. Oder auf der Straße zurück nach Tirol (Busverbindung: Tirol – Tiroler Kreuz und Tirol – Meran).

Erdpyramiden in der Schlucht des Köstengrabens oberhalb von Schloß Tirol.

30 Tappeinerweg

Spaziergang inmitten tropischer Vegetation: »Schönster Spazierweg südlich der Alpen«

Pfarrkirche Meran – Tappeinerweg – Brunnenburg – Dorf Tirol – Meran

Talort: Meran, 300 m (vgl. Tour 18).
Ausgangspunkt: Pfarrkirche Meran am Oberrand der Altstadt, am Fuß des Segenbühels. Über diesen empor führt unser Weg.
Parkmöglichkeit: Parkplätze in Meran.
Gehzeiten: Der ganze Tappeinerweg ist 4 km lang. Man kann an beliebiger Stelle von der Stadt aus an oder vom Weg wieder absteigen. Vom Pulverturm zum Café Unterweger 1½ Std.
Anforderungen: Bequemer Spaziergang, der zu allen Jahreszeiten ausgeführt werden kann. Im Hochsommer an sonnigen Tagen heiß.
Höchster Punkt: Der Weg führt etwa 100 Höhenmeter über Meran am Hang eben hinein.
Einkehrmöglichkeiten: Am Weg mehrere Gaststätten.
Sehenswertes: Tropische Vegetation entlang der Promenade, Palmen, Oleander, Mimosen, verschiedene mediterrane Baum- und Straucharten, zahlreiche Blumen und Staudengewächse. Blick auf die mittelalterliche Innenstadt von Meran mit dem eindrucksvollen Turm der Pfarrkirche. Weit droben am Hang Schloß Tirol und die Brunnenburg. Im Westen, steil aufragend, die Zielspitze.

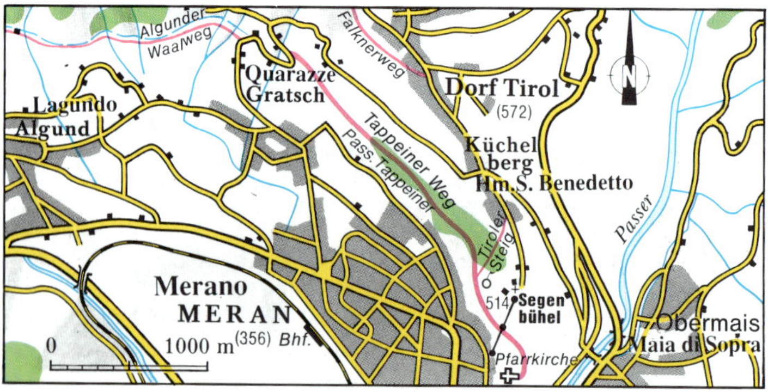

Begeht man die Tappeiner-Promenade, so erfaßt man die ganze Vielfalt der Natur- und Kulturlandschaft Merans und seiner Umgebung. Besonders beeindruckend ist der Kontrast zwischen den schneebedeckten Dreitausendern und den blühenden Gewächsen und Palmen, den schroffen Felsrücken droben und den üppigen Reben zu unseren Füßen.

Von Meran zum Tappeinerweg und zum Café Unterweger: Von der Meraner Innenstadt geht man empor zur Stadtpfarrkirche St. Nikolaus mit

Die Tappeiner-Promenade.

dem Pfarrplatz. Hinter der Kirche auf dem Treppenweg empor. Man trifft dann direkt auf die Tappeiner-Promenade, die etwas weiter östlich beim Pulverturm beginnt. (Den Pulverturm kann man mit PKW über die Straße, Richtung Dorf Tirol, Abzweigung Zenoberg-Segenbühel erreichen, Parkmöglichkeiten etwas beschränkt.) Man folgt dem asphaltierten Weg in westlicher Richtung und genießt das abwechslungsreiche Panorama, das ebene Dahinwandern auf gebahnten Wegen und die wechselnden Tiefblicke. Der Weg endet beim Café Unterweger. Hier trifft man auf die Straße, die von Gratsch herauf nach Schloß Thurnstein führt (Bushaltestelle).

Rückkehr: Entweder auf demselben Weg, oder mit Bus zurück.

Varianten: Zum Schloß Thurnstein und nach Dorf Tirol: Vom Ende des Tappeinerweges eine Straße hinauf nach Thurnstein. Hierher auch auf Fußsteig, der in ¾ Std. zum Schloßrestaurant emporführt.
Vom Café Unterweger zur Brunnenburg und nach Schloß Tirol: Vom Unterweger führt auch ein steiler Fußweg zur Brunnenburg und zu Schloß Tirol hinauf. Von dort mit Bus zurück nach Meran.
Von Dorf Tirol auf dem Fußweg über den Segenbühel zurück in die Altstadt.

31 Dorf Tirol – Gnaidweg – Algunder Waalweg

Rundwanderung auf uralten Plattenwegen und Waalwegen

Meran – Dorf Tirol – Gnaidweg – Gratsch – Algunder Waalweg – Ochsentod – St. Peter – Tirol
Große Runde: Algunder Waalweg – Plars – Töll im Vinschgau

Talort: Meran, 300 m (vgl. Tour 18).
Ausgangspunkt: Parkplatz am Südeingang von Dorf Tirol, beim Hotel Gartner.
Parkmöglichkeit: Am Ortseingang.
Gehzeiten: Hotel Gartner – Gratsch ¾ Std., Gratsch – Ochsentod – Schloß Thurnstein 40 Min., Schloß Thurnstein – Schloß Tirol – Parkplatz 1¼ Std., Gratsch – Plars – Töll 3 Std.
Anforderungen: Bequeme Wanderwege, teilweise Fahrwege.
Höchster Punkt: Schloß Thurnstein, 560 m.
Einkehrmöglichkeiten: Am Weg zahlreiche Gaststätten.
Sehenswertes: Waalwege, Schloß Tirol, St. Peter. Schloß Thurnstein, heute Ghs., einst »Turm auf Platzleid«.

Auf diesem Wanderweg, der oberhalb der Tappeiner Promenade verläuft, und im Gegensatz zu dieser einige An- und Abstiege aufweist, kann man den Meraner Talkessel auf seiner nördlichen, d. h. seiner Sonnenseite, umrunden. Auf der gegenüberliegenden Seite, oberhalb von Marling, befindet sich der längste Waalweg der Gegend, der 12 km lange Marlinger Waalweg. Vor allem unterhalb der Waalwege breitet sich die fruchtbare und blühende Kulturlandschaft aus, mit Wein, Mandel-, Pfirsich- und Apfelbäumen. Oberhalb der Waale beginnt meist trockene Hangsteppe.

Vom Hotel Gartner über den Gnaidweg zum Thurner Schlössl und zum Waalweg; zum Restaurant Schloß Thurnstein und nach Dorf Tirol: Vom Hotel Gartner am Südrand von Dorf Tirol nach links leicht absteigend am Hang des Küchelberges zum Thurner Schlössl. Rechts oben am steilen

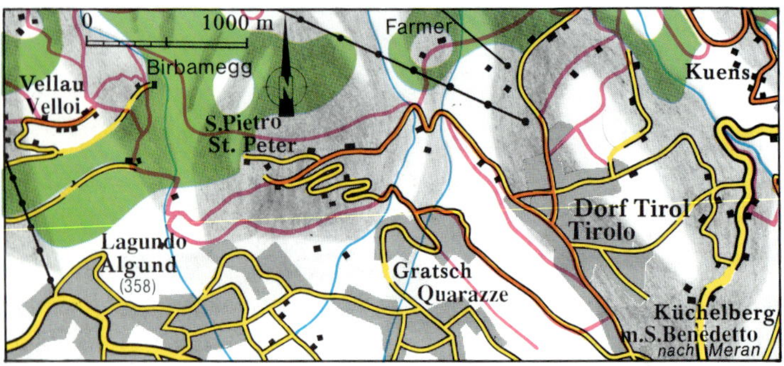

Alter Waalweg oberhalb von Gratsch.

Hang, der mit Obstbäumen bepflanzt ist, thront die Brunnenburg und darüber Schloß Tirol. Auf der Laurinstraße aufwärts, dann verläßt man die Straße nach Überqueren des Burgbaches nach links und begeht nun den unterhalb der Straße verlaufenden Waalweg, ein besonders romantisches und aussichtsreiches Stück Weg. Man blickt hinunter nach Gratsch und nach Westen gegen Plars. Nach Überqueren des Grabbaches verlassen wir den Waalweg und treffen auf die Straße, die kurz bergauf gegen den Locherbauer emporleitet. Wir zweigen vorher rechts ab und steigen über den Plattenweg »Ochsentod« empor zum Restaurant Schloß Thurnstein. Über St. Peter zurück nach Dorf Tirol.

Waalweg bis Töll im unteren Vinschgau: Nach Überqueren des Grabbaches erreicht man die Fahrstraße, auf ihr kurz westwärts, vorbei am Café Konrad, und auf den Fußweg, der weiterführt zum Gasthof Leiter am Waal. Von dort durch die Weingärten zur Straße und nach Töll an der Vinschgauer Straße. Rückweg von dort mit Bus nach Meran.

32 Schenna

Überquerung des Passertales von Dorf Tirol nach Schenna

Meran – Passersteig – Passerbrücke – Schenna – Passerwiesen – Meran. Oder: Schenna – Maiser Waalweg – Obermais – Meran

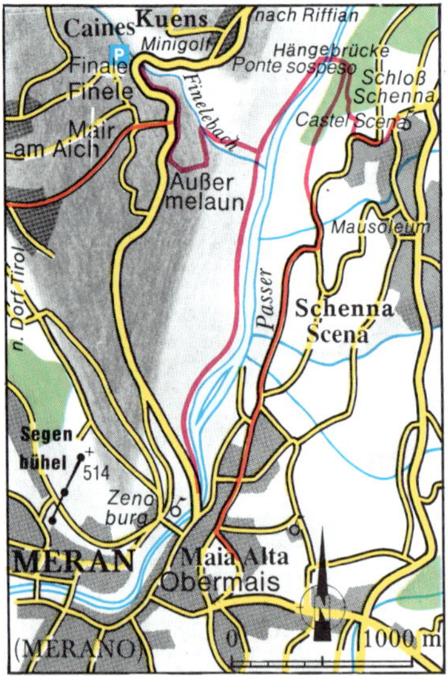

Talort: Meran, 300 m (vgl. Tour 18).
Ausgangspunkt: Abzweigung »Passersteig« an der Passeirer Straße nördlich von Meran. In der Nähe Bushaltestelle, bei der Einmündung des Aichweges von Dorf Tirol herab. Hierher auch von Dorf Tirol zu Fuß.
Parkmöglichkeit: Beim Kiosk des Minigolfplatzes an der Brücke über den Finelegraben, etwa 700 m nördl. der Abzweigung »Passersteig« an der Straße.
Gehzeiten: Abzweigung Passersteig – Schenna 1¾ Std., Dorf Tirol – Schenna 2¼ Std., Schenna – Meran 1½ Std.
Anforderungen: Gute Wanderwege, bezeichnet.
Höchster Punkt: Schenna, 584 m.
Einkehrmöglichkeiten: In Schenna zahlreiche Gaststätten.
Sehenswertes: Schloß Schenna. Mausoleum Erzherzog Johanns neben der Pfarrkirche. St.-Martins-Kapelle. Schloß Goyen, eine der ältesten Burgen im Raum Meran, südlich unter Schenna. Rundkirche zum Hl. Georg, östlich über Schenna.

Schenna hat sich zu einem ausgedehnten und beliebten Ferienort entwickelt. Ein Ausflug dorthin ist nicht nur wegen seiner vielen Sehenswürdigkeiten beliebt. Schenna bietet inmitten seiner Obstkulturen und Kastanienwäldchen auch einen Ausgangspunkt für viele Wanderungen in alle Richtungen.

Von der Abzweigung »Passersteig« an der Straße nach Schenna: Beim Hinweisschild »Passersteig« nördl. des Ghs. Außermelaun von der Passeirer Straße auf dem Steig durch Wald abwärts. Man erreicht freies Gelände mit Obstkulturen oberhalb der Passerwiesen. Nun auf einem Fahrweg kurz hinab zur Passer. Am Ufer flußaufwärts. Dieser Spaziergang ist besonders schön zur Zeit der Baumblüte oder im Herbst. Man wandert flußaufwärts bis zur Hängebrücke, überquert sie und steigt jenseits der Passer (Hinweisschild »Schenna«) auf gut ausgebautem Weg in Kehren bergauf. Durch Wald emporsteigend, erreicht man zuletzt einen Fahrweg, der direkt nach Schenna führt. Vom Dorfplatz rechts haltend zu den Kirchen und dem Grabmal, links aufwärts zum Schloß Schenna.

Kuens – Schenna: Beim Gh. Löwenwirt in Kuens zweigt der Passersteig ab. Auf ihm hinab zur Passer und nach Schenna.

Von Schenna über die Passerwiesen nach Meran: Auf dem Anstiegsweg wandert man zurück zum Passerufer. Nach Überqueren der Hängebrücke geht man ein Stück den gleichen Weg talaus. Dann weiter auf dem Weg, der am Flußufer hinausführt. Zuletzt über die Straße nach Meran zurück.

Von Schenna über den Maiser Waalweg nach Obermais: Man wandert von Schenna wie bei der ersten Wanderung den Waldhang hinab. Vor Überqueren des Passerflusses aber nach links ab und über dem linken Passerufer auf dem Maiser Waalweg eben hinaus nach Obermais, von wo man mit Bus nach Meran zurückkehren kann.

Blick von der Hängebrücke auf die Passer in Richtung Meran.

33 Mutkopf, 1684 m, und Mutspitze, 2294 m

Leicht erreichbarer Gipfel mit herrlicher Aussicht über Meran

Seilbahn-Bergstation Hochmuter – Mutkopf – Mutspitze
Oder: Abstieg von der Bergstation Hochmuter – Muthöfe – Tiroler Kreuz

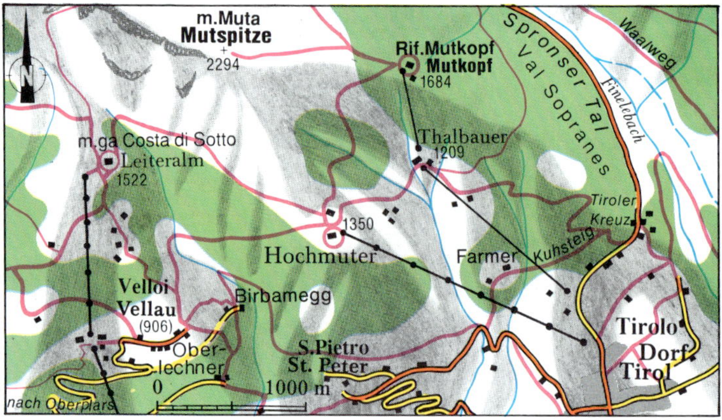

Talort: Dorf Tirol, 640 m, über Meran, mit PKW auf der Straße von Meran erreichbar.
Ausgangspunkt: Bergstation Hochmuter, 1350 m, erreichbar mit der Seilbahn von Dorf Tirol.
Parkmöglichkeit: Parkplatz an der Talstation der Seilbahn. Im Ort keine.
Gehzeiten: Bergstation Hochmuter – Steinegg 10 Min., Steinegg – Mutkopf 1 Std., Mutkopf – Mutspitze 2 Std., Rückweg Mutspitze – Mutkopf 1½ Std., Mutkopf – Hochmuter ¾ Std.; Abstieg von der Seilbahn-Bergstation über die Muthöfe zum Tiroler Kreuz 2½ Std., Tiroler Kreuz – Dorf Tirol ½ Std. (auch Busverbindung).
Anforderungen: Gut ausgebaute und bez. Wege. Weg zur Mutspitze steiler, aber guter Steig.
Höchste Punkte: Seilbahn-Bergstation, 1361 m, Mutkopf, 1684 m, Mutspitze, 2294 m.
Einkehrmöglichkeiten: Bergstation, Steinegg, Mutkopf, beim Abstieg vom Hochmuter Ghs. Talbauer, Tiroler Kreuz.
Sehenswertes: Beim Anstieg zum Mutkopf, und besonders von der Mutspitze sehr schöne Rundsicht. Außerordentlich beliebte Aussichtspunkte.

Mit Hilfe der Seilbahn von Dorf Tirol aus sind diese Aussichtspunkte leicht zu erreichen. Bei der Bergstation der Seilbahn beginnen mehrere interessante Höhenwanderungen in westlicher und östlicher Richtung. Für den Meraner Höhenweg wird die Bergstation ebenso gern als Ausgangspunkt gewählt, weil man sich dabei die Überwindung der ersten paar hundert Höhenmeter zu Fuß erspart. Während der Wandersaison herrscht hier oben reger Ausflugsbetrieb, wer aber nur eine Stunde weit geht, wird herrliche unverbaute Natur

Die Gipfelkuppe der Mutspitze.

und Einsamkeit finden. Hier beginnt das Gebiet des Naturpark Texelgruppe mit besonderen Schutzbestimmungen.

Von der Bergstation zum Mutkopf: Über Stufen steil bergan zum Gasthaus Steinegg. Hier rechts auf den Steig Nr. 22 durch Wald in mäßiger Steigung hinauf zum Gasthaus Mutkopf.

Vom Mutkopf zur Mutspitze: Hinter dem Gasthaus weiter auf Steig Nr. 22, der zuerst durch lichten Wald, dann über den freien Rücken emporleitet. Nach rechts zweigen Wege ins Spronser Tal ab. Wir steigen aber immer über den breiten Ostrücken der Mutspitze hinauf und erreichen über einige Blöcke den Gipfel (Gipfelkreuz).
Abstieg von der Mutspitze zur Bergstation auf gleichem Weg.

Abstieg von der Bergstation über die Muthöfe zum Tiroler Kreuz: Von der Bergstation kurz empor zur Wegabzweigung. Hier rechts ab und auf Weg Nr. 24 (»Meraner Höhenweg«) in östlicher Richtung den steilen Hang entlang, dann hinab über den Oberen Muthof zum Gasthaus Talbauer. Östlich des Gasthaus Talbauer zweigt nun unser Weg nach rechts ab (Nr. 23). Auf dem Muterweg hinunter zum Unteren Muthof und durch Wald steil hinunter zum Gasthaus Tiroler Kreuz am Oberrand der weiten Kulturlandschaft von Dorf Tirol. Von hier zurück zum Talort.

34 Hans-Frieden-Felsenweg

Interessanter Felsensteig hoch über Meran am Steilabfall der Mutspitze

Bergstation Hochmuter – Leiteralm – Vellau – Birbamegg – St. Peter – Dorf Tirol

Talort: Meran, 300 m, oder Dorf Tirol, 640 m (vgl. Tour 18).
Ausgangspunkt: Bergstation Hochmuter, 1350 m, Seilbahnauffahrt von Dorf Tirol.
Parkplatz: An der Talstation.
Gehzeiten: Bergstation – Leiteralm 1¼ Std., Leiteralm – Vellau 1¼ Std., Vellau – Dorf Tirol 2½ Std.
Anforderungen: Der Höhenweg stellt einen teilweise ausgesetzten, in den Felsen gesprengten, aber sehr gut seilgesicherten Weg dar. Die ersten 200 m sind die schwierigsten, dann gute Wege.

Der versicherte Felsenweg in Richtung Bergstation Hochmut.

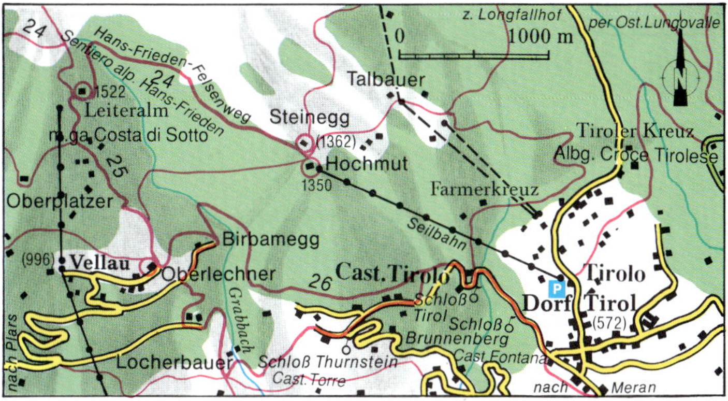

Höchste Punkte: Bergstation, 1350 m, Leiteralm, 1522 m.
Einkehrmöglichkeiten: Bergstation der Hochmuter-Seilbahn, Gh. Steinegg, Leiteralm, in Vellau Gasthäuser, Birbamegg.

Sehenswertes: Schöne Tiefblicke in den Meraner Talkessel und die umgebenden Berge. Schalenstein oberhalb des Birbamegg, Kirchlein Vellau, St. Peter, Schloß Tirol.

Die Bergstation Hochmuter bietet einen hochgelegenen und leicht erreichbaren Ausgangspunkt für diese Wanderung. Sie stellt ein Teilstück des Meraner Höhenweges-Süd dar. Man kann diesen Weg von der Leiteralm weg weiter westwärts verfolgen, oder wieder ins Tal absteigen. Wandert man in der angegebenen Richtung nach Westen, so hat man die Sonne im Rücken und erreicht, so man früh beginnt, noch während der kühlen Vormittagszeit sein Ziel. Der Hans-Frieden-Weg quert die steilen, aussichtsreichen Hänge des Mutspitzkammes.

Von der Bergstation Hochmuter zur Leiteralm: Von der Bergstation empor zur Wegabzweigung beim Gasthaus Steinegg. Hier nun links, westwärts, auf Weg Nr. 24 in die Felskulisse der steilen Hänge. Ohne allzu große Auf- und Abstiege geht es hinüber zur Leiteralm, auf einer Wiesenterrasse im Wald.

Abstieg von der Leiteralm nach Vellau und nach Dorf Tirol: Von der Leiteralm führt ein Fußsteig hinunter nach Vellau (vgl. Wanderung 25). Von Vellau auf dem gut angelegten Steig über das Birbamegg hinunter nach St. Peter und hinüber nach Dorf Tirol.

Variante: Von Vellau mit den zwei Liften hinab ins Tal nach Algund. Von dort Busverbindung zurück nach Meran.

35 Vellauer Felsenweg

Höhenwanderung, die bergab am Südhang über Meran hinabführt nach Partschins

Bergstation Hochmuter – Vellau – Kienegger – Saxner – Oberplars oder Partschins

Talorte: Meran, 300 m, oder Dorf Tirol, 640 m (vgl. Tour 18).
Ausgangspunkt: Bergstation Hochmuter, 1350 m, Seilbahnauffahrt von Dorf Tirol.
Parkmöglichkeit: An der Talstation Parkplatz.
Gehzeiten: Bergstation Hochmuter – Vellau 1¼ Std., Vellau – Gasthaus Kienegger ¾ Std., Kienegger – Saxner 1 Std., Saxner – Oberplars – Algund 1½ Std., Saxner – Partschins ½ Std.
Anforderungen: Der Felsensteig verläuft zuerst ausgesetzt am Steilhang (mit Seilen gesichert), die übrigen Wege sind gute Wanderwege bzw. Steige.
Höchste Punkte: Hochmuter, 1350 m, Vellau, 996 m, Kienegger, 1101 m.
Einkehrmöglichkeiten: Bergstation, Steinegg, Vellau, Ghs. Kienegger, Saxner.
Sehenswertes: Aussicht vom Felsenweg. Sonnenterrasse Vellau. Der »Schlundensteig« oberhalb von Plars, ein sogenannter Urweg. Plarser Kreuzstein, am Weg vom Ghs. Gasteiger in Vellau ins Hasental (Hinweisschild), ein mächtiger Schieferblock mit 42 eingemeißelten Kreuzen und mehreren Schalen.

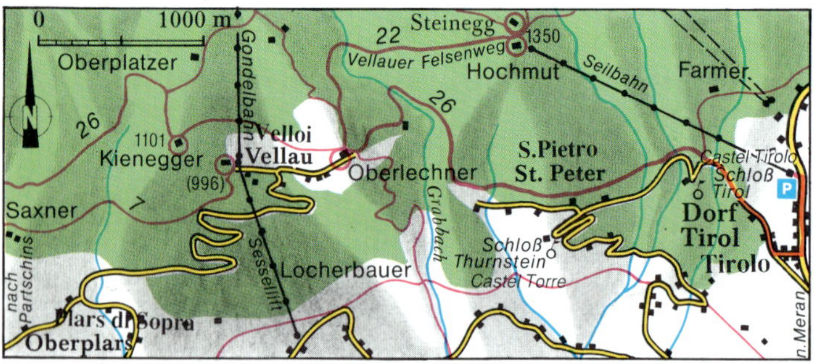

Dieser Weg führt tiefer als der Meraner Höhenweg am Hang entlang und ermöglicht eine Wanderung, die bis nach Vellau keinerlei Steigung, sondern ein Bergabgehen erfordert.

Von der Bergstation Hochmuter nach Vellau: Oberhalb der Bergstation beginnt der Weg Nr. 22 und führt anfangs etwas ausgesetzt, aber schön angelegt westwärts die Berglehne hinab. Man überquert den Grabbach und erreicht Vellau unmittelbar bei der Kirche.

Von Vellau nach Dorf Tirol: In Vellau trifft man auf Weg Nr. 26, der zurück in das Grabbachtal und über Birbamegg zurück nach St. Peter und Schloß Tirol nach Dorf Tirol bringt.

Varianten: Die größere Runde führt von Vellau weiter über das Gasthaus Kienegger zum Saxner und nach Plars, evtl. weiter nach Partschins: Von der Vellauer Kirche kurz hinab zur Wegverzweigung. Zuerst auf der Straße westwärts empor. Man kann aber die Straße verlassen und auf dem alten Plattenweg zum Kienegger emporsteigen. Am Kienegger vorbei und noch ein kurzes Stück auf Weg Nr. 26 weiter, dann bei einer Weggabelung links ab und auf dem sogenannten Kieneggerweg steil hinab zum Saxner. Vom Saxner auf Weg Nr. 7 hinein in den Töllgraben und jenseits hinüber an den Oberrand von Partschins. Über die Häuser von Obermeier hinab in den Ort. Vom Saxner auf breitem Fahrweg hinab nach Plars und nach Algund.
Eine Talvariante führt vom Saxner über den Schlundensteinweg zum Café Konrad und weiter über den Locherbauer, Schloß Thurnstein, Schloß Tirol nach Dorf Tirol zurück.

Der aussichtsreiche Felsensteig nach Vellau.

36 Spronser Seen

Wanderung ins Herz der Texelgruppe zur Spronser Seenplatte

Hochmuter – Mutkopf – Jägersteig – Oberkaseralm – Langsee

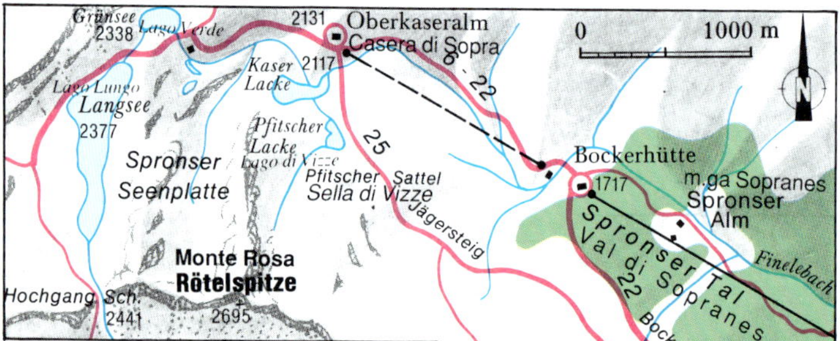

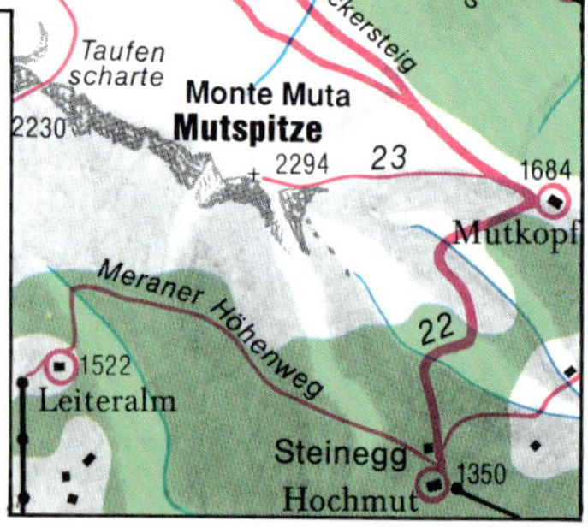

Talorte: Meran, 300 m, und Dorf Tirol, 640 m, (vgl. Tour 18).
Ausgangspunkt: Bergstation Hochmuter, 1350 m, Seilbahnauffahrt von Dorf Tirol.
Parkplatz: An der Talstation.
Gehzeiten: Bergstation – Gasthaus Mutkopf 1 Std., Mutkopf – Oberkaser 2½ Std., Oberkaser – Langsee ¾ Std.; Rückweg: Langsee – Oberkaser – Mutkopf – Hochmuter 4 Std.
Anforderungen: Gute Wege und Steige. Die gesamte Wanderung erfordert eine Gehzeit von etwa 6 – 7 Std.
Höchste Punkte: Mutkopf, 1684 m, Oberkaser, 2131 m, Langsee, 2377 m.
Einkehrmöglichkeiten: Mutkopf, Oberkaser, Bockerhütte (beim Abstieg ins Spronser Tal).
Sehenswertes: Mehrere Hochgebirgsseen auf der Spronser Seenplatte, Naturpark Texelgruppe. Am Pfitscher Jöchl Felszeichen auf 20 Schieferplatten. Wasserfälle im Spronser Tal.

Die zwar etwas weite Wanderung auf die Spronser Seenplatte inmitten des Naturparks Texelgruppe bietet ein besonderes Erlebnis. Auf der Hochfläche liegen etwa sieben größere und mehrere kleinere Seen.

Von der Bergstation Hochmuter über den Mutkopf und den Jägersteig zum Langsee: Auf dem Weg Nr. 22 zum Mutkopf (vgl. Tour 33). Vom Gasthaus auf Steig Nr. 22 über den Mutspitzrücken aufwärts bis zur Wegverzweigung (Hinweisschild). Hier rechts hinein bis zur Abzweigung des Jägersteiges. Wir folgen dem oberen Steig Nr. 25, er bildet die kürzeste

Der Langsee, der größte der Spronser Seen.

Verbindung vom Hochmuter zur Seenplatte und führt längs der Nordostflanke der Mutspitze aufwärts. Einmündung des Steiges von der Bockerhütte herauf. Wir verfolgen den Steig geradeaus und steigen zum Pfitscher Jöchl auf. Nun in das Becken der Pfitscher Lacke, dem ersten See. Weiter zur Kaser Lacke, 2117 m.
Von hier kurz hinüber zur Oberkaseralm. Vom Oberkaser in abwechslungsreicher Wanderung hinauf zum Grünsee und zum Langsee, dem höchstgelegenen und größten der Seen.

Oder größere Runde über die Bockerhütte: Vom Oberkaser kann man auf Weg Nr. 6 – 22 zum Unterkaser und zum Gasthaus Bockerhütte absteigen. Von der Bockerhütte führt der schön angelegte Bockersteig zurück hinauf auf den Mutspitzkamm und hinab zum Mutkopf. Oder von der Bockerhütte zu Fuß talaus zum Tiroler Kreuz und nach Dorf Tirol.

37a Meraner Höhenweg Nord

Der nördliche Teil des Weitwanderweges umrundet die Texelberge im Norden und führt vom Schnalstal ins Passeier

Katharinaberg – Pfossental – Eisjöchl – Stettiner Hütte – Pfelders – Ulfas

Talort im Westen: Naturns, 594 m, im Vinschgau, von hier Auffahrt nach Katharinaberg, 1245 m. Bushaltestelle an der Talstraße. Mit PKW erreichbar.
Talort im Osten: Moos in Passeier, 1007 m, Auffahrt mit Bus bis Platt in Passeier, mit PKW über Platt und Ulfas zu den Höfen Kratzegg oberhalb von Ulfas.
Ausgangspunkt: Bauernhof Montfert, 1471 m, oberhalb von Katharinaberg.
Parkmöglichkeit: In Katharinaberg, Parkplatz unter Kratzegg, 1478 m. Vorderkaser
Gehzeiten: Katharinaberg – Montfert – Eishof 3½ – 4 Std., Eishof – Stettiner Hütte 3½ Std., Stettiner Hütte – Pfelders 3½ Std., Pfelders – Ulfas – Matatz 5 Std. Insgesamt: etwa 16 Std.
Anforderungen: Gute Wege, doch gute Kondition erforderlich, besonders für den Übergang über das Eisjöchl
Höchste Punkte: Vorderkaser im Pfossental, 1693 m, Mitterkaser, 1954 m, Eishof, 2071 m, Stettiner Hütte, 2875 m, Lazinser Kaser im Pfelderer Tal, 1868 m, Pfelders 1662 m.
Einkehrmöglichkeiten: Mehrere Gaststätten in Katharinaberg, Jägerrast, Vorderkaser, Mitterkaser, Eishof, Stettiner Hütte, Lazinser Alm, Lazins (ganzjährig), Zepbichl, auch in Pfelders mehrere Gaststätten, Kreßbichl, Innerhütt, Ulfas, Kristl, Matatz.
Sehenswertes: Karthaus am gegenüberliegenden Hang im Schnalstal. Katharinaberg, Kirche. Bergbauernhöfe im Schnalstal und im Pfossental. Eishof, früher ganzjährig bewohnt. Hochalpine Bergwelt am Eisjöchl. Das romantische Pfelderer Tal mit den Almen Lazinser Kaser und Lazins.

Während der Meraner Höhenweg-Süd von Mai bis November zu begehen ist, steigt der Höhenweg Nord in weitaus höhere Regionen auf. Information, ob das Eisjöchl begehbar ist, erteilt das Verkehrsamt Schnals (Tel. 89148) oder Moos (Tel. 85558). Obwohl die Mitnahme von Seil, Steigeisen und Pickel nicht erforderlich ist, muß man im Frühsommer und Spätherbst mit Vereisung und Schneehängen rechnen. Bergerfahrung und Ausdauer sind für diesen Abschnitt erforderlich. Der Höhenweg ist durchwegs mit Nr. 24 markiert.

Von Katharinaberg nach Pfelders: Vom Ort empor zu der Häusergruppe Montfert. Man biegt weit über dem Zusammenfluß des Schnalser- mit dem Pfossenbach ins Pfossental. Der Weg führt nach Erreichen von Nassereith auf der orogr. linken Talseite (nicht auf der Fahrstraße) empor. Dann ein kurzes Stück auf der Fahrstraße zum Gh. Jägerrast (Vorderkaser), dem letzten ganzjährig bewohnten Hof im Tal. Von hier auf dem Almweg (kein PKW-Verkehr) in gemütlicher Wanderung zu den Almen Mitterkaser, Rableid und Eishof.
Vom Eishof im Talboden hinein, dann links an den Hang, zwei Bäche querend und weiter in Kehren steiler empor zum Eisjöchl und jenseits kurz

hinab zur Stettiner Hütte. Auf dieser Etappe muß ein Höhenunterschied von 800 m überwunden werden. Von der Hütte auf dem Hüttenweg (siehe Wanderung 6) hinab nach Pfelders.

Von Pfelders nach Ulfas: Von Pfelders muß man ein Stück auf der Talstraße gehen. Bei Außerhütt zweigt der Wanderweg von der Straße ab und führt hinauf nach Ulfas, 1370 m, oberhalb von Platt in Passeier. Von Ulfas erreicht man ansteigend den Parkplatz bei Kratzegg, oder von Pfelders mit Bus talaus nach Moos und St. Leonhard in Passeier.

Am südwestlichen Teil des Meraner Höhenweges über Katharinaberg

37b Meraner Höhenweg Süd

Die längere, sonnigere Runde am Südrand der Texelgruppe vom Schnalstal ins Passeier

Katharinaberg – Lint – Innerforch – Gigglberg – Nassereith – Tablander Alm – Hochganghaus – Leiteralm – Hochmuter – Talbauer – Longfallhof – Gfeis – Vernuer – Gander – Magdfeld – Kristl – Ulfas

Talorte: Im Westen: Katharinaberg, 1245 m, im Schnalstal, im Osten: St. Leonhard – Platt – Ulfas. Ein beliebter Talort und zugleich Ausgangspunkt ist Meran – Dorf Tirol; Seilbahn-Bergstation Hochmuter.

Mit PKW anfahrbar sind: Katharinaberg, Staud, Ghf. Walde und Ghf. Bergrast in Gfeis, Vernuer, Magdfeld, Matatz, Ulfas bzw. Kratzegg, Pfelders.

Mit Seilbahn, Lift oder privater Seilbahn: Kopfron östlich von Katharinaberg, Unterstell, unterhalb von Lint, Hochforch, Gigglberg, Steinerhof, Leiteralm, Hochmuter.

Ausgangspunkte: Es können – je nach Belieben – alle erreichbaren Etappenorte des Wanderweges gewählt werden.

Parkmöglichkeit: In allen Talorten und an den Ausgangspunkten, die mit PKW angefahren werden können.

Gehzeiten: Hof Unterperfl in Katharinaberg – Dickhof 1½ Std., Dickhof – Lint – Gruber 1 Std. 20 Min., Gruber – Hochforch 2 Std., Hochforch – Gigglberg 1 Std., Gigglberg – Nassereith 1¼ Std., Nassereith – Tablander Alm 1¼ Std., Tablander Alm – Hochganghaus 2 Std., Hochganghaus – Leiteralm 1½ Std., Leiteralm – Hochmuter (Bergstation) 1¼ Std., Hochmuter – Talbauer 40 Min., Talbauer – Longfall 1½ Std., Longfall – Gfeis 1½ Std., Gfeis – Vernuer 1 Std., Vernuer – Gander – Magdfeld 1½ Std., Magdfeld – Matatz 2 Std., Matatz – Kristl 1 Std., Kristl – Ulfas 1½ Std. Ingesamt: etwa 24 Std.

Anforderungen: Gutes Schuhwerk, Kondition und Schwindelfreiheit sind für die Begehung unbedingt erforderlich.

Höchste Punkte: Der Höhenweg bewegt sich in einer Höhe von 1000 bis 1500. Obwohl er meist relativ in gleicher Höhe verläuft, müssen doch bei jedem Marsch Höhenmeter auf- und abgestiegen werden. Das macht ja den Reiz dieser Wanderung aus.

Einkehrmöglichkeiten: Fast alle Bergbauernhöfe am Wege bieten Unterkunft und Verpflegung an. Zahlreiche Gaststätten am Wege.

Sehenswertes: Schöne Rundsicht. Alte Bergbauernkultur und Architektur. Durch die Südlage bedingte ungewöhnliche Flora und Fauna. Naturpark Texelgruppe.

Diese Höhenwanderung – die ganze Runde beträgt etwa 80 km – empfiehlt sich für die, die gerne ohne allzugroße Höhenunterschiede wandern. Man braucht nicht in die Tallage abzusteigen und kann sich die einzelnen Wegstrecken nach eigenem Geschmack, nach Laune und Gehtüchtigkeit zusammenstellen.

Von vielen Punkten aus kann man Gipfelbesteigungen durchführen. Auch an einen Zeitplan ist man nicht gebunden. Die Gehzeiten sollen nur Angaben über Erreichbarkeit und Entfernungen beinhalten. Außer den herrlichen Tiefblicken, der imposanten Rundsicht trifft man am Wege die Bergbauernhöfe an den steilen Hängen. Bis vor wenigen Jahren noch in Einsamkeit und Abgeschlossenheit, sind die meisten durch Straßen oder Seilbahnen mit dem Tal verbunden. Durch die steile, sonnenexponierte Lage bedingt, ist der Weg bis in den Spätherbst hinein begehbar, im Sommer aber wegen seiner relativ großen Höhe über dem Tal – man bewegt sich in Höhen bis zu 1400 m – nicht übermäßig heiß. Auch der südliche Weg ist durchgehend mit Nr. 24 markiert.

Für den Naturpark Texelgruppe, den man umrundet, bestehen besonders strenge Schutzbestimmungen. Während der Nordteil des Höhenweges durch grüne wasserdurchtoste Täler führt, durchqueren wir am Vinschgauer Sonnenberg einen kargen, trockenen Steilhang, an dem jede Wiederaufforstung zu scheitern scheint. Durch Zähigkeit und mit vielen Tricks schufen die Bauern allenthalben kleine Paradiese.

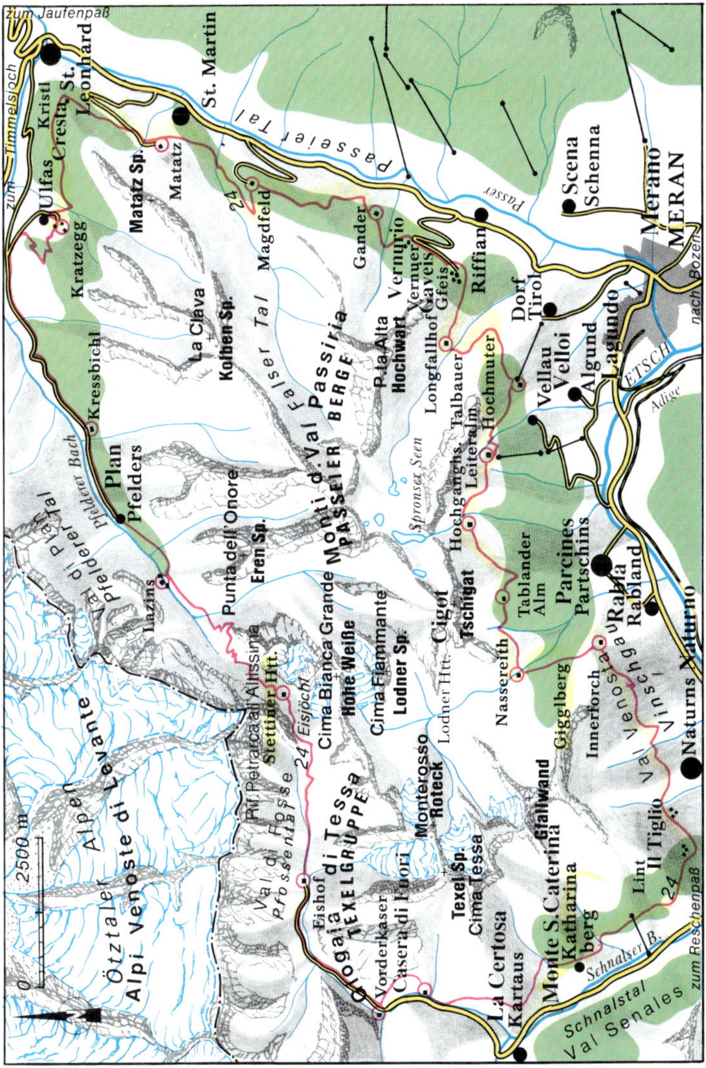

zum Jaufenpaß
zum Timmelsjoch
St. Leonhard
St. Martin
Passeier Tal
Passer
Kristl
Cresta
Ulfas
Matatz Sp.
Matatz
Kratzegg
Kressbichl
Plan
Pfelders
Pfelderer Bach
Pfelderer Tal
Val di Plan
Lazins
La Clava
Kolben Sp.
Magdfeld
Gander
Vernurio
Vernuer
Gaveis
Gfeis
Riffian
Dorf Tirol
Scena
Schenna
Merano
MERAN
nach Bozen
Lagundo
Algund
Vellau
Velloi
ETSCH
Adige
Falser Tal
Monti d. Val Passiria
PASSEIER BERGE
P.ta Alta
Hochwart
Longfallhof
Talbauer
Hochmuter
Talbaueralm
Leiteralm
Hochgangh.
Spronser Seen
Punta dell' Onore
Eren Sp.
Cima Bianca Grande
Hohe Weiße
Cima Fiammante
Lodner Sp.
Cigot
Tschigat
Lodner Htt.
Tablander Alm
Parcines
Partschins
Rabla
Rabland
Naturno
Naturns
Nassereith
Gigglberg
Innerforch
Val Venosta
Vinschgau
Il Tiglio
Lint
Monte S. Caterina
Katharinaberg
Schnalser B.
zum Reschenpaß
Schnalstal
Val Senales
La Certosa
Kartaus
Cima Tessa
Texel Sp.
Gfallwand
Monterosso
Roteck
Vorderkaser
Casera di Fuori
Eishof
Giogaia di Tessa
TEXELGRUPPE
Val di Fosse
Pfossental
Eisjöchl
Stettiner Htt.
Rif. Petrarca all'Altissima
Ötztaler Alpen
Alpi Venoste di Levante
0
2500 m
24

38 Marlinger Waalweg

Auf einem der schönsten Spazierwege eben durch Wald, Obstgärten und Weinberge

Lana – Marlinger Waalweg – Forst

Talort: Lana, 270–300 m, 7 km südwestlich von Meran an der Einmündung des Ultentales inmitten von Wein- und Obstgärten gelegen. Lana gilt wegen seines milden Klimas als Zentrum des Obstbaues in Südtirol. Talstation der Vigiljoch-Seilbahn in Oberlana. Hier beginnt die Straße ins Ultental und die Straße auf den Gampenpaß.
Ausgangspunkt: Nordrand von Lana.
Parkmöglichkeit: Bei der Talstation der Vigiljoch-Seilbahn sowie an der Straße.
Gehzeiten: Lana – Forst 2 Std.
Anforderungen: Bequeme Wege.
Höchster Punkt: Der Waalweg verläuft etwa 150 Höhenmeter oberhalb der Ortschaften Lana, Tscherms und Marling.
Einkehrmöglichkeiten: Zahlreiche Gaststätten am Wege bzw. am Abstieg zu den Orten.
Sehenswertes: Vom Wanderweg aus schöner Überblick über das Etschtal und auf Meran, Schloß Lebenberg über Tscherms, in Marling besonders schöne Gutshöfe und Ansitze, Pfarrkirche mit altem Turm und Seitenkapelle. St. Felix, nördlich von Marling, genannt »Fleiskirchlein«.

Marlinger Waalweg. Blick auf Lana, rechts Laugenspitze und die Nase des Gantkofels.

Dieser Waalweg ist einer der schönsten Spazierwege entlang des Etschtales. Er öffnet den Blick auf Meran und die umliegenden Ortschaften. Zu diesem etwa 12 Kilometer langen Weg gibt es mehrere An- und Abstiege, man kann also beliebig zutal gehen oder von verschiedenen Stellen aus beginnen. Auch im Spätherbst begleitet einen das milde Klima der Rebenhänge, zusammen mit den stacheligen Edelkastanien auf den Wegen und den rotbackigen Äpfeln im Geäst ein abwechslungsreiches Vergnügen.

Von Lana nach Forst: Auf der Straße, die nach Tscherms führt, kurz nordwärts hinein, bis das Hinweisschild nach links emporleitet. Hier empor, dann rechts ab auf den eigentlichen Waalweg. Nördlich vom Glögglhof dann Abstiegsweg nach Tscherms.

Man wandert an der Leitenschenke vorbei, oben am Hang sieht man Schloß Lebenberg, und erreicht Waalheim und die Waldschenke. Stets in gleicher Höhe weiter nach Norden, bis der Weg nach Westen umbiegt. Dort geht es hinunter, man überschreitet die Bahnlinie und erreicht über den Lahnweg und den Moserhof die Marlinger Straße. Etwas talauf befindet sich dann die Bushaltestelle.

Man kann auch auf dem Gehsteig die 3 Kilometer entlang der Straße nach Marling zurückwandern. Ab Schloß Vorst fährt dann der Linienbus alle 20 Min. über Algund – Meran – Marlin – Tscherms zurück nach Lana.

39 Marlinger Höhenweg

Ein Wanderleckerbissen für die ganze Familie

Lana – Marlinger Höhenweg – Seen am Egg – Forst

Talort: Lana, 300 m (vgl. Tour 38).
Ausgangspunkt: Nordrand von Lana bei der Talstation der Vigiljoch-Seilbahn.
Parkmöglichkeit: Bei der Talstation und an der Straße.
Gehzeiten: Lana – Robelehof 1½ Std., Abstecher zum Gasthaus Tschigg 30 Min., Robelehof – Senn am Egg 1 Std. 15 Min., Senn am Egg – Rastbühel – Forst 1 Std. 20 Min.
Anforderungen: Gute Wege, bezeichnet.
Höchster Punkt: Senn am Egg, 700 m. Der Höhenweg hält sich meist auf gleicher Höhe mit nur kleineren An- und Abstiegen, abgesehen vom Zu- und Abstieg am Anfang und am Ende der Wanderung.
Einkehrmöglichkeiten: Leitenschenke, Tschigg, Senn am Egg.
Sehenswertes: Schloß Lebenberg über Tscherms, der Weg verläuft meist im Wald, bietet aber an vielen freien Plätzen herrliche Aussicht auf Meran und seine Umgebung, von Hafling über Schenna, Dorf Tirol nach Vellau.

Diese teilweise im Wald verlaufende Wanderung kann man vom Frühjahr bis spät in den Herbst hinein begehen. Der Weg führt in einer Höhe von 600 bis

Blick vom Marlinger Höhenweg nach Norden – Meraner Becken, darüber Dorf Tirol.

700 Metern am Talhang hinein, und man hat stets einen schönen Blick auf das dicht mit Obstbäumen bepflanzte Etschtal mit den umliegenden Orten und den darüber aufragenden Bergen.

Von Lana über den Robelehof zum Senn am Egg und nach Forst: Vom Nordrand von Lana auf der Straße nach Tscherms kurz hinein, dann nach links ab (Hinweisschild) und empor.

Beim Glögglhof Wegweiser. Wir folgen dem Hinweis »Marlinger Höhenweg« und wandern am Hang aufwärts, über den Tagfeithof und die Leitenschenke über den Fahrweg zum Robelehof. Vom Robelehof empor zum Tschigg.

Vom Robelehof führt der Steig nun hinüber zum Innerholzmairhof und von dort in leichten An- und Abstiegen zum Außerholzmair, einer Tannenpflanzung und Gärtnerei. Weiter durch Wald, bis sich der Weg beim Senn am Egg nach Westen um den Rücken herumwendet. Vom Senn am Egg gibt es einen bequemen Abstieg nach Marling.

Man verfolgt den Höhenweg weiter westwärts bis zum Gasthaus Rastbühel, wo man zur Vinschgauer Straße und damit nach Forst absteigen kann.

Rückkehr: Mit dem Bus Rückfahrt nach Meran und nach Lana.

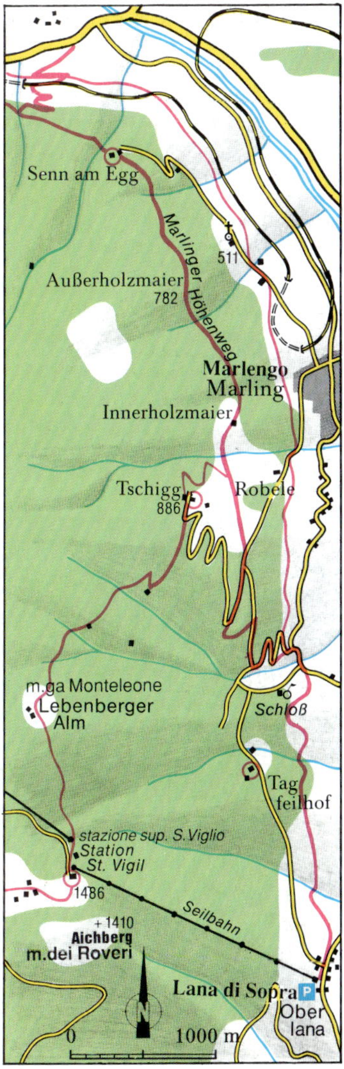

40 Vigiljoch, 1795 m

Der Hausberg von Lana als Ausgangspunkt für eine aussichtsreiche Rundwanderung

Bergstation Vigiljoch – Gasthaus Jocher – Kirchlein St. Vigil – Aschbach – Schwarze Lacke – Seehof – Bergstation Vigiljoch

Talort: Lana, 300 m (vgl. Tour 38).
Ausgangspunkt: Bergstation der Seilbahn Vigiljoch, 1486 m. Die Talstation der Seilbahn befindet sich am Nordrand von Lana, in der Nähe der Abzweigung der Straße ins Ultental.
Parkmöglichkeit: An der Talstation der Seilbahn in Lana.
Gehzeiten: Seilbahn-Bergstation – Jocher und Kirchlein St. Vigil am Joch ¾ Std. Hierher auch mit dem Sessellift, der in der Nähe der Seilbahn-Bergstation beginnt und auf den Gipfel des Larchbüchels emporbringt. Von dort 10 Minuten Abstieg zum Ghs. Jocher. Jocher – Aschbach 35 Min., Ascher – Seehof 40 Min., Seehof – Seilbahn-Bergstation – Vigiljoch 1 Std.
Anforderungen: Bequeme Wege, meist im Wald.
Höchster Punkt: Jocher und Kirchlein St. Vigil, 1795 m.
Einkehrmöglichkeiten: Hotel Vigiljoch an der Bergstation, Gamplhof, Ghs. Jocher, Seehof, Aschbach.
Sehenswertes: Vom Joch umfassende Rundsicht von den Dolomiten bis zu den Stubaiern und Ötztalern, auf die Ultener Berge und das Etschtal. Kirchlein St. Vigil.

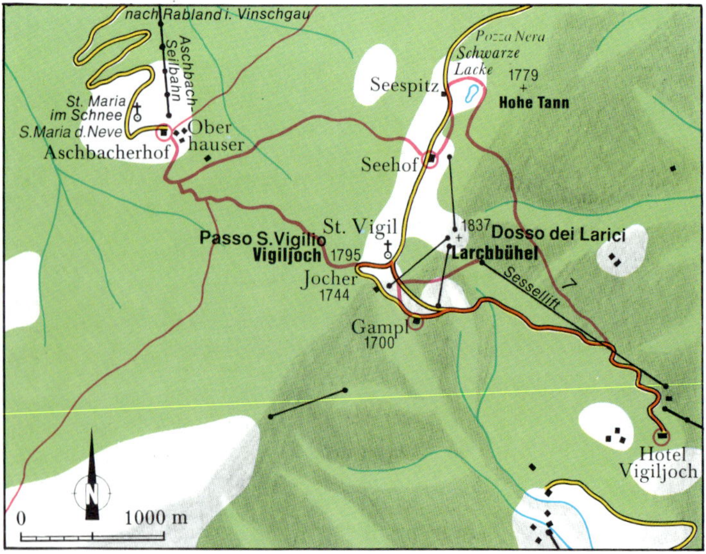

Das Kirchlein St. Vigil am Joch.

Das Vigiljoch stellt die höchste Erhebung des mächtigen, bewaldeten Höhenrückens dar, der nordwestlich über Lana aufragt und seine Fortsetzung im mächtigen Bergkamm findet, der das Ultental im Norden überragt. – Auf der Jochhöhe erhebt sich das malerische Kirchlein St. Vigil, ehemals die Bistumsgrenze zwischen Trient und Chur bezeichnend, und wohl als sichtbares Zeichen dort oben errichtet. Die Seilbahn von Lana herauf überwindet einen Höhenunterschied von über 1000 Metern.

Vom Gasthaus Jocher über Aschbach zum Seehof und zurück zur Seilbahn-Bergstation: Von der Bergstation entweder zu Fuß oder mittels Sessellift zur Jochhöhe mit dem Kirchlein. Westwärts hinunter zur Wegverzweigung. Wir folgen dem Weg, der leicht fallend hinunterbringt nach Aschbach. (Bei der Wegverzweigung Hinweisschild.) Hier befindet sich die Bergstation der Aschbach-Seilbahn, die von Rabland im Vinschgau heraufführt. In der Nähe das Kirchlein Maria im Schnee. Wir gehen kurz auf dem Weg zurück zur Wegteilung. Hier links ab und aufsteigend zum Gasthaus Seehof. In der Nähe die Schwarze Lacke, ein verlandeter See. Von hier führt Weg Nr. 7 gerade südwärts gegen den Larchbüchel. An seinem Osthang kurz aufwärts erreicht man den breiten Weg, der zur Seilbahn-Bergstation zurückbringt.

41 Marlinger Berg, 1400 m

Ausgedehnte Waldwanderung bergab

Lana – Vigiljoch-Seilbahn – Marlinger Berg – Lana

Talort: Lana, 300 m (vgl. Tour 38 und 39).
Ausgangspunkt: Bergstation der Vigiljoch-Seilbahn, 1486 m.
Parkmöglichkeit: An der Talstation der Vigiljoch-Seilbahn in Lana.
Gehzeiten: Bergstation – Ghs. Tschigg 1 Std. 20 Min., Tschigg – Robelehof 15 Min., Robele – Lana 1½ Std., Robele – Marling 35 Min., Robele – Tscherms ¾ Std.

Anforderungen: Abstieg auf Waldsteigen am steilen Hang. Keine Anstiege. Fahrwege.
Höchster Punkt: Seilbahn-Bergstation, 1486 m.
Einkehrmöglichkeiten: An der Bergstation, Ghs. Tschigg, Heidenhof.
Sehenswertes: Freier Blick nach Süden bis ins Bozener Becken. Unterwegs Blick nach Meran. Schloß Lebenberg.

Der Marlinger Berg bildet den Ostrücken des breiten Vigiljochkammes. Durch seine ausgedehnten Wälder ziehen zahlreiche Wanderwege. Der Hang ist steil, aber die Wege sind in mäßiger Steigung angelegt, der dichte Wald bietet auch in der wärmeren Jahreszeit ideale Gehbedingungen. Im oberen Teil genießt man die Frische der Höhenluft, weiter unten hat man die fruchtbaren Weinhänge, die Obstgärten und die ausgedehnten blühenden Orte Lana, Tscherms und Marling zu Füßen.

Von der Seilbahn-Bergstation zum Gasthaus Tschigg: Von der Bergstation vorbei am Hotel Vigiljoch hinüber zur Talstation des kleinen Sesselliftes. Dort beginnt der Weg Nr. 31, 33, der zur Lebenbergalm (unbewohnt), 1363 m, führt. (Vorher zweigt der Eggerhofsteig Nr. 31 nach links ab.) Wir folgen dem Weg Nr. 33 nordwärts, ein kurzes Straßenstück entlang, dann wieder durch Wald hinunter zum Gasthaus Tschigg, 900 m.

An der Berglehne über Marling.

Abstieg vom Tschigg zum Robelehof und nach Marling: Vom Tschigg führt ein Fahrweg hinab zum Gasthaus Halbweg und weiter an Schloß Lebenberg vorbei nach Lana oder Tscherms. Wir benützen den Steig, der nordwärts zum Marlinger Höhenweg, in der Nähe des Hofes Innerholzmair hinabführt. Von hier kurz südwärts auf dem Marlinger Höhenweg und weiter zum Robelehof. Von hier Abstieg auf dem Fahrweg direkt nach Marling.

Vom Robelehof nach Lana: Auf dem Fahrweg südwärts hinab zur Wegkreuzung. Von hier in gleicher Richtung auf dem breiten Fahrweg weiter talwärts bis vor Lebenberg. Hier kann man auf der Straße oberhalb Lebenberg vorbei zum Heidenhof gelangen und von dort über das Sträßlein direkt zum Parkplatz an der Talstation gelangen.

Variante: Auch unterhalb von Schloß Lebenberg führt ein Fußweg über die Leitenschenke und den Tagfeithof, zuletzt auf der Straße zum Parkplatz an der Talstation zurück.

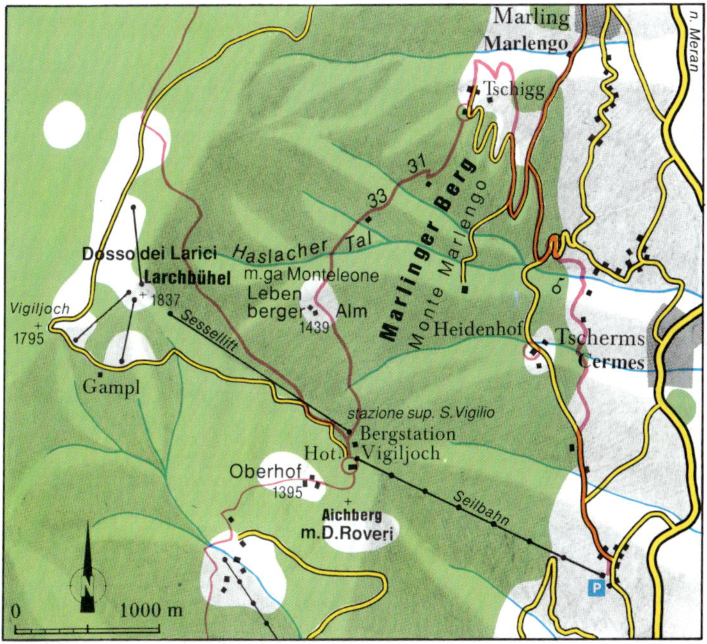

42 Naturnser Alm, 1922 m

Almwanderung auf dem Bergrücken hoch über Ultental und Vinschgau

Bergstation der Vigiljoch-Seilbahn – Gasthaus Jocher (Larchbüchel) – Naturnser Alm – Rauher Büchel – Vigiljoch – Bergstation; evtl. Aufstieg zum Naturnser Hochwarth

Talort: Lana, 300 m (vgl. Tour Nr. 38).
Ausgangspunkt: Bergstation der Vigiljoch-Seilbahn bzw. Bergstation der Sesselbahn zum Larchbüchel. Den Jocher kann man auch zu Fuß von der Seilbahn-Bergstation in ¾ Std. erreichen. Von der Bergstation Larchbüchel kurzer Abstieg zum Ghs. Jocher.
Parkmöglichkeit: Bei der Vigiljoch-Seilbahn-Talstation.
Gehzeiten: Seilbahn-Bergstation – Ghs. Jocher ¾ Std., Larchbüchel – Ghs. Jocher 10 Minuten, Ghs. Jocher – Naturnser Kuhalm 1½ Std., Naturnser Alm – Rauher Büchel 20 Min., Aufstieg zum Naturnser Hochwarth von der Naturnser Kuhalm 2 Std.; Abstieg vom Rauhen Büchel zur Bergstation der Seilbahn 2 Std.
Anforderungen: Leicht ansteigender breiter Weg zur Naturnser Kuhalm. Überschreitung des Rauhen-Büchel-Steig, aber kaum Höhenunterschiede. Aufstieg zum Hochwarth, steiler Steig.
Höchste Punkte: Bergstation, 1486 m, Larchbüchel, 1837 m, Ghs. Jocher und Kirchlein St. Vigil, 1795 m, Naturnser Kuhalm, 1922 m, Rauher Büchel, 2027 m, Naturnser Hochwarth, 2608 m.
Einkehrmöglichkeiten: Hotel Vigiljoch an der Seilbahn-Bergstation, Ghs. Jocher, Gamplhof, Naturnser Kuhalm.
Sehenswertes: Kirchlein St. Vigil auf der Jochhöhe (eindrucksvoller Rundblick). Die Kirche markierte einst die Bistumsgrenze Chur – Trient. Im Lärchenwald unterm Joch im Frühsommer Anemonenwiesen.

Der mächtige Bergrücken, südwestlich über Meran und nördlich über Lana aufragend, trägt das Vigiljoch mit dem Larchbüchel als äußerste Erhebung.

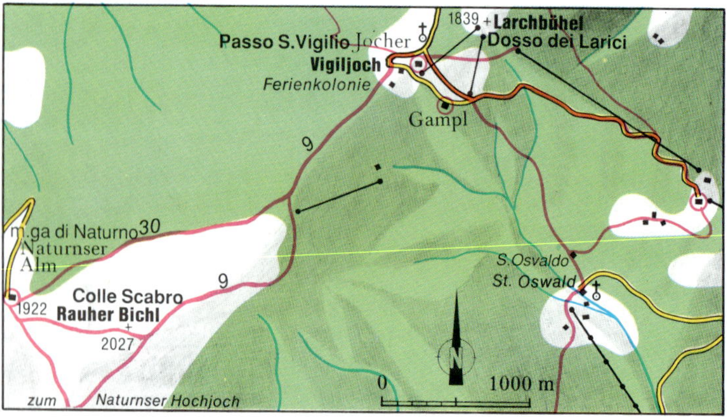

Beim Gasthaus Jocher. Blick nach Süden gegen Bozen.

Unsere Wanderung führt über den östlichsten Teil dieses Bergkammes und bietet vor allem wegen ihrer Aussicht und der geringen Steigungen ein lohnendes Bergziel.

Von der Seilbahn-Bergstation zur Naturnser Kuhalm: Entweder zu Fuß oder mittels Sessellift zum Gasthaus Jocher. Von der Sessellift-Bergstation muß man zum Joch kurz absteigen. Westwärts hinüber zum Wald (Wegverzweigung). Wir gehen auf Weg Nr. 9 an der Ferienkolonie vorbei, durch Wald wenig ansteigend aufwärts, bis man nach rechts, auf Weg Nr. 30 abbiegend, die Naturnser Kuhalm erreicht.

Von der Kuhalm zum Rauhen Büchel: Von der Alm auf einem Steig in östlicher Richtung zum Aussichtspunkt auf freier Grathöhe empor.

Aufstieg zum Naturnser Hochwarth: Von der Naturnser Alm auf Steig Nr. 9 zur Grathöhe empor und die Südhänge des Hochwarth ziemlich lange querend, bis man von der Hochwarthscharte ziemlich steil zum Gipfel ansteigen kann. Abstieg auf gleichem Weg.

Vom Rauhen Büchel zur Seilbahn-Bergstation: Vom Rauhen Büchel geht man nicht zur Naturnser Kuhalm zurück, sondern hält sich auf einem Weg unterhalb des Kammrückens Richtung Vigiljoch, bis man auf den Anstiegsweg trifft. Auf ihm zum Gasthaus Jocher hinab und auf breitem Weg zurück zur Bergstation der Seilbahn.

43 St. Hippolyth bei Völlan

Spaziergang über das Mittelgebirge von Völlan zum idyllischen Kirchenhügel von St. Hippolyth

Völlan – Talmühle – St. Hippolyth – Völlan

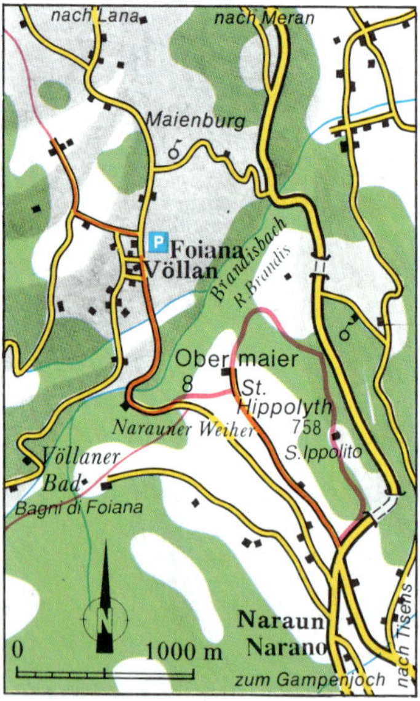

Talort: Völlan, 718 m. Der vielbesuchte Ferienort liegt auf dem nördlichen Teil des Tisener Mittelgebirges. Wegen seiner geschützten, aber doch leicht zugänglichen Lage war der Ort schon früh besiedelt, wie viele Funde aus prähistorischer Zeit bezeugen. Heute finden wir zahlreiche Hotels, Pensionen und Gaststätten neben historischen Bauwerken und schönen Bauernhöfen. Völlan ist von Oberlana, von Mitterlana und auch von Niederlana aus auf schönen Spazierwegen erreichbar.

Ausgangspunkt: Westlicher Ortsrand von Völlan, Bauernmuseum. Von der Ortsmitte in wenigen Minuten erreichbar.

Parkmöglichkeit: Im Ortsbereich. Kein eigener Parkplatz.

Gehzeiten: Lana – Völlan 1¼ Std., Völlan – Talmühle – St. Hippolyth ¾ Std., St. Hippolyth – Völlan ¾ Std., vom Abstellplatz an der Gampenstraße südlich unter dem Kirchlein 15 Min.; St. Hippolyth – Tisens 45 Min., Abstieg Hippolyth – Niederlana 1 Std., Weiterweg Niederlana – Oberlana 30 Min.

Anforderung: Spazierwege.

Höchster Punkt: Kirchenhügel, 758 m.

Einkehrmöglichkeiten: In Völlan zahlreiche Gaststätten, Talmühle, Plattner unter der Gampenstraße.

Sehenswertes: Völlaner Kirche St. Severin. Ruine Mayenburg unweit des Ortskernes, ein gewaltiger Baukomplex mit wuchtigem Turm. Turmruine Werrenberg in aussichtsreicher Lage neben dem alten Bauernhof »Mair am Turm« östlich über Völlan. Ansitz Helmstorf, auf halber Höhe zwischen Lana und Völlan. St. Georg, kleine Kapelle oberhalb von Niederlana. In Niederlana alte Pfarrkirche.

Der Besuch des Kirchenhügels von St. Hippolyth gehört schon wegen seiner aussichtsreichen Lage zum Programm einer Reise ins Burggrafenamt. Die kleine Kirche steht auf einem Felsenhügel in vorgeschobener Stellung über dem Etschtal. Die einmalige Lage dieses Hügels brachte es mit sich, daß dieser Punkt seit ältester Zeit besiedelt und als Heiligtum verehrt wurde.

Von Völlan über die Talmühle zur Kirche St. Hippolyth: Vom westlichen Dorfausgang von Völlan (Widum, Bauernmuseum) auf breitem Wanderweg (Nr. 8) talab in den Graben des Brandisbaches und zur Buschenschank-Talmühle. Man überquert den Bach und geht durch Wald am jenseitigen Hang bergauf auf ebenes Gelände. Durch eine schöne Wald- und Wiesenlandschaft mit alten Kastanienbäumen zu einem Hof, den man rechts liegen läßt. Hinab in ein kleines Tal und auf schmalem Waldsteig, zuletzt auf einem urtümlichen, in den Stein gehauenen Weg steil empor zur Kirche.

Von Hippolyth nach Völlan: Vom Kirchenhügel kann man südwestwärts auf einem Weg zur Gampenstraße absteigen. Man geht auf der Straße rechts haltend, bis man nach rechts auf das Sträßlein nach Naraun kommt. Auf diesem Fahrweg zum Hof Obermayer. So umrundet man den Kirchenhügel. Nun trifft man wieder auf den Anstiegsweg. Auf ihm hinab zur Talmühle und zurück nach Völlan.

St. Hippolyth von der Gampenstraße aus: Wer nicht viel Zeit hat und nur die Kirche besuchen will, kann mit dem PKW die Gampenstraße emporfahren bis hinter den zweiten Tunnel. Hier kleiner Abstellplatz. Von dort empor zum Hügel mit der Kirche.

Der Kirchenhügel von St. Hippolyth.

44 Völlaner Bad, 822 m

Besuch bei einem altbewährten Bauernbadl und Abstieg nach Tisens, den Ort mit den besten Kastanien

Völlan – Völlaner Bad – Tisens

Talort: Völlan, 758 m (vgl. Tour 43).
Ausgangspunkt: Bauernmuseum im Widum am westlichen Ortsrand von Völlan.
Parkmöglichkeit: Im Ort.
Gehzeiten: Völlan – Völlaner Bad 35 Min., Völlaner Bad – Tisens 1 Std., Tisens – Völlan 1½ Std.
Anforderungen: Meist bequeme Wanderwege.
Höchster Punkt: Völlaner Bad, 822 m.
Einkehrmöglichkeiten: Eggütl, Ghs. Völlaner Bad, in Tisens mehrere Gaststätten.
Sehenswertes: In Völlan (vgl. Wanderung Nr. 43). Tisens, 631 m, ausgedehnter Ort auf dem Mittelgebirge südwestlich von Völlan in klimatisch besonders begünstigter Lage. Heute beliebter Ferien- und Ausflugsort, Obst- und Weinbau, seit je Mittelpunkt der Gegend. Lange Zeit vollzog sich die Rechtsprechung an der »gewonlichen dingstatt zu Tysens«. Mächtige Pfarrkirche mit schönem Chor aus spätgotischer Zeit. Sehenswert die Friedhofskapelle. Besonders schöner Ortskern mit alten Gasthöfen.
In Prissian, auf schöner Straße westwärts von Tisens erreichbar, die Fahlburg. Südlich der Straße das stattliche Schloß Katzenzungen. Neben dem Schloß die angeblich größte Rebe Europas, die im Jahr 700 kg Trauben trägt. Oberhalb der Straße Schloß Wehrburg inmitten üppiger Weingärten. St. Hippolyth auf dem Hügel zwischen Völlan und Tisens.

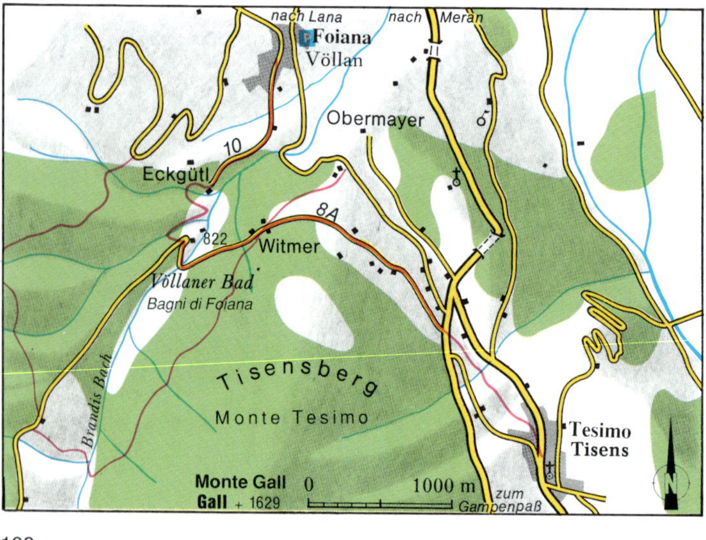

Schloß Katzenzungen.

Das Völlaner Badl war und ist ein beliebter Kurort für die umwohnende Bevölkerung. Das stattliche Gasthaus liegt auf freier Fläche mitten im Wald oberhalb von Völlan. Verschiedene Alkalien, Eisen und Kalk geben dem radioaktiven Wasser besondere heilsame Eigenschaften. Wenn auch heute das Wassertrinken vielfach nicht mehr so beliebt ist, könnte es doch infolge der stetig fortschreitenden Verschmutzung aller Flüsse dazu kommen, daß man wieder »ad fontes« – zu den Quellen – zurückkehrt.

Von Völlan zum Völlaner Badl und weiter nach Tisens: Vom Westrand des Ortes auf Weg Nr. 10 durch Wald am Talhang empor. Man geht am Gasthaus Eggütl vorbei, überquert mehrere Bäche und gelangt zum Bad. Vom Bad hinab und über den Bach auf Weg 8 A zum Witmerhof. Von hier auf Fahrweg abwärts und weiter hinab zur Gampenstraße. Nachdem diese überquert ist, kann man durch Obstgärten nach Tisens hinunterwandern.

Rückkehr nach Völlan oder Lana mit Bus. Zu Fuß von Tisens über Naraun nach Völlan (vgl. Tour 44).

45 Laugenspitze, 2434 m

Aussichtskanzel über dem Etschtal

Gampenjoch – Laugensee – Laugenspitze – Laugenalm – Gampenjoch

Blick vom Anstieg zum Großen Laugen auf See und Kleinen Laugen.

Talort: Lana, 300 m (vgl. Tour 38).
Ausgangspunkt: Gampenjoch, 1512 m. Busverbindung von Lana, Meran.
Parkmöglichkeit: Am Joch beim Ghs. Gampenjoch. An der Straße.
Gehzeiten: Gampenjoch – Laugensee 1¾ Std., Laugensee – Laugengipfel 1 Std., Laugensee – Kleiner Laugen 20 Min.
Abstieg: Laugengipfel – Laugenalm 1½ Std., Laugenalm – Gampenjoch 1 Std. 20 Min.
Anforderungen: Nur zur Laugenalm bequemer Weg. Aufstieg vom Joch zum See, am Beginn steiler Steig mit Felsstufen, dann gut begehbarer Steig bis zum Gipfel, Felsstufen.
Höchste Punkte: Laugensee, 2149 m, Laugenspitze 2434 m, Kleiner Laugen, 2297 m, Laugenalm 1853 m.
Einkehrmöglichkeiten: Laugenalm und Gampenjoch.
Sehenswertes: Auf der Fahrt von Lana zum Paß unterhalb der Straße die mächtige Leonburg. Hinter dem Tunnel St. Hippolyth, auf dem Hügel oberhalb der Straße (vgl. Wanderung Nr. 43), Gfrill mit alter Kirche, Gfriller Bad. Südlich unter dem Gampenjoch, von oben gut zu sehen. Unsere Liebe Frau im Walde, älteste Siedlung auf Deutsch-Nonsberg, beliebter Wallfahrtsort mit Kirche aus dem 15. Jh.

Die Große und die Kleine Laugenspitze sind die zwei nebeneinanderliegenden Berggipfel, die mit ihrem mächtigen Aufbau von weitum zu sehen sind, und das Wahrzeichen sowohl des äußeren Ultentales als auch des westlichen Etschtales über Lana darstellen. Von St. Pankraz im Ultental, von

Völlan gibt es Anstiege auf diesen vielbesuchten Aussichtsberg. Der kürzeste und auch abwechslungsreichste führt vom Gampenpaß herauf.

Vom Gampenpaß zum Laugensee: Am Gampenpaß zweigt gegenüber dem Gasthof ein Fahrweg nach Norden ab. Nach der ersten Kehre zweigt der Steig Nr. 133 ab, der steil, aber unschwierig rasch an Höhe gewinnt. Zuerst durch Wald, dann über den freien Rücken, zuletzt am Hang entlang erreichen wir den unterhalb der Kleinen und Großen Laugenspitze eingebetteten Laugensee. Von hier ist der Kleine Laugen unschwierig über Gras und Schutt zu ersteigen. Hier zweigt auch der Weg über das Laugenjoch und nach Platzers und Gfrill zur Gampenstraße, oder über Platzers zum Völlaner Badl nach Völlan hinunter ab.

Vom Laugensee zum Gipfel: Vom Laugensee am nördlichen Ufer über dem See hinauf zu dem Weg, der über den Südrücken über Blockwerk und einige Felsstellen steil emporführt zum Gipfel mit Gipfelkreuz.

Vom Gipfel zur Laugenalm: Vom Gipfel auf dem Anstiegsweg über den Südrücken hinab. Dann rechts (der Weg zum Laugensee zweigt links ab) auf dem gut ausgebauten Steig über freies Gelände und durch lichten Lärchenwald hinunter zur Laugenalm mit dem Rastplatz im Freien.

Von der Laugenalm zum Gampenjoch: Von der Laugenalm führt ein breiter Almweg zutal (durch Erdbewegungen zum Teil verschüttet). Man muß sich im Bogen nach links (ostwärts) halten und, bei einem Bauernhof vorbei, wieder die Höhe des Gampenpasses gewinnen.

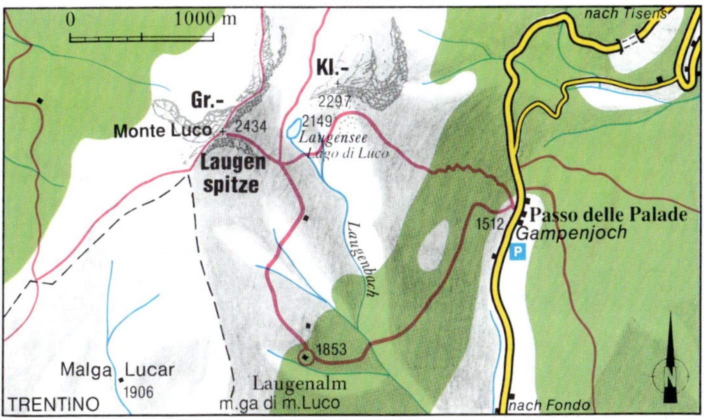

46 Spitzner Alm, 1847 m, und Seegrubenalm, 1919 m

Höhenwanderung von Alm zu Alm an der Südseite des Ultentales

St. Walburg – Spitzner Alm – Pfandlalm – Seegrubenalm – St. Walburg; evtl. Gipfelbesteigung bzw. Überschreitung des Hochwart

Talort: St. Walburg, 1200 m.
Ausgangspunkt: Zoggler Stausee, 1100 m, unter St. Walburg. Die Talstraße führt nördlich über dem See talein. Auffahrt zur Spitzner Alm für Privatverkehr gesperrt.
Parkmöglichkeit: In St. Walburg bei der neuen Schule. Beim Staudamm.
Gehzeiten: St. Walburg – Beginn des Forstweges ¾ Std., Stausee – Spitzner Alm 2 Std., Spitzner Alm – Pfandlalm ¾ Std., Pfandlalm Seegrubenalm 1½ Std., Seegrubenalm – Zoggler See 1½ Std. Überschreitung des Hochwart von der Spitzner Alm zur Seegrubenalm 3½ Std., Besteigung des Hochwart von der Seegrubenalm aus 2 Std., Abstieg vom Gipfel zur Seegrubenalm 1½ Std.
Anforderungen: Zur Spitzner Alm breiter Fahrweg, sonst Steige, teils sehr steil, vor allem der Abstieg von der Seegrubenalm. Gipfelbesteigung des Hochwart an einer Stelle ausgesetzt und felsig, sonst Steig.
Höchste Punkte: Seegrubenalm, 1919 m, Hochwartgipfel, 2627 m.
Einkehrmöglichkeiten: Spitzner Alm, Seegrubenalm.
Sehenswertes: Schöne Almregion an den Nordhängen des Ultner Hochwarth.

Vom Stausee zur Spitzner Alm: Vom Südrand des Zoggler Stauseedammes links, nordöstlich auf dem Fahrweg (Weg Nr. 22) bergan. Man kann die Wegstrecke bis zur Alm auf dem bequemen Fahrweg zurücklegen. Abwechslungsreicher ist der Steig, der bei einer Abzweigung die Straße verläßt (Nr. 21). Auf ihm steil aufwärts zu einem Platz im Wald (Holzschlag, 1571 m). Nun in Kehren ostwärts direkt hinauf zu den Almhütten.

Die Hütten der Seegrubenalm, rechts am Hang der Steig zur Pfandlalm.

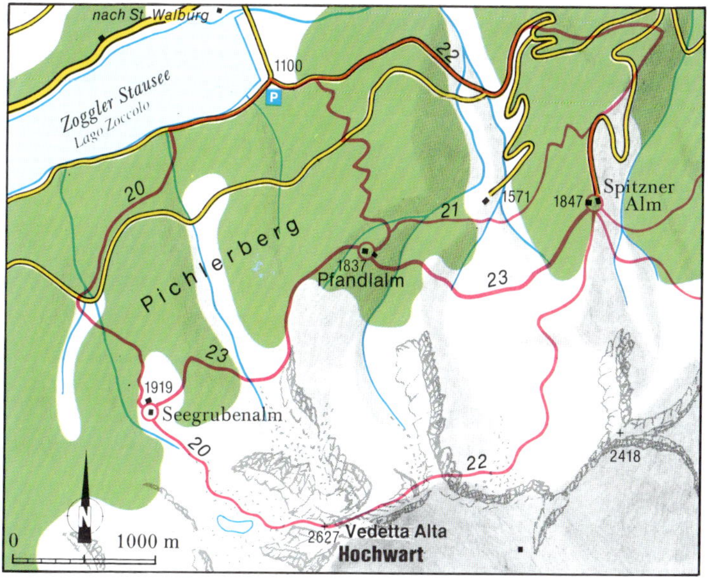

Spitzner Alm – Pfandlalm – Seegrubenalm – Zoggler See: Von der Spitzner Alm kurz durch Wald aufwärts, dann rechts ab (links Weg Nr. 22 zum Hochwarth) auf Weg Nr. 23, der fast eben in die weite Karmulde mit der Pfandlalm führt. Von hier führt der Steig Nr. 23 um zwei Gratrücken und zur Seegrubenalm. Von der Alm auf Almsteig, gut angelegt, aber steil, durch Wald hinab. Man überschreitet eine breite Forststraße und setzt den Weg talab zum Zoggler See fort.

Besteigung des Hochwart von der Spitzner Alm: Von der Alm (Hinweisschild) auf dem Steig durch Wald empor, dann den Hang entlang hinein, bis man ein weites Kar erreicht. Dieses geht man etwa bis zum südlichsten Punkt aus. Hier steigt der Weg nach links, südlich, empor auf einen Sattel, der östlich des Hochwartgipfels liegt. Ein schroffer Felsgrat zieht hier nach Norden und begrenzt den weiten Felskessel im Westen. Vom Sattel nun teils am Grat, teils darunter, am Beginn eine unangenehme Querung in die Nordflanke, sonst unschwierig zum Gipfel.

Abstieg vom Gipfel: Der bez. Steig führt zuerst kurz südwärts, dann in der Westflanke des Hochwart hinunter zur Seegrubenalm.

47 Kofelraster Seen, 2405 m

Zu den schönen Bergseen hoch auf dem breiten Kamm zwischen Ultental und dem Vinschgau

Straße (Steinrast) – Kofelraster Alm – Kofelraster Seen; evtl. Hoher Dieb

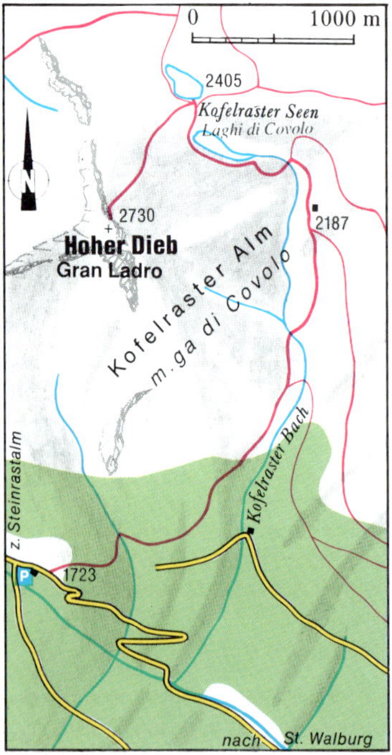

Talort: St. Walburg, 1200 m, Hauptort des Tales, Sitz der Gemeinde Ulten, die das ganze innere Tal umschließt.
Ausgangspunkt: Parkplatz, ca. 1500 m, an der Straße zur Kuppelwieser Alm. Die Straße zweigt talein von St. Walburg am Westende des Stausees von der Talstraße ab, Hinweisschild »Schwemmalmlifte«. In Kehren empor, dann talein, an der Talstation der Schwemmalmlifte vorbei bis zum Hinweisschild »Kofelraster Seen«.
Parkmöglichkeit: An der Straße bei der Abzweigung Steinrast.
Gehzeiten: Parkplatz – Kofelraster Alm 1 Std. 15 Min., Kofelraster Alm – Oberer Kofelraster See 1 Std., Oberer Kofelraster See – Hoher Dieb 1 Std.
Anforderungen: Zu den Seen guter Steig. Am Aufstieg zum Gipfel Steigspuren über Schutt und Blöcke.
Höchste Punkte: Kofelraster Alm, 2187 m, Kofelraster Seen, 2407 m, Hoher Dieb, 2730 m.
Einkehrmöglichkeiten: Keine.
Sehenswertes: Unterhalb St. Pankraz im Ultental das »Häusl am Stoan«, am Eingang des Tales die Ruine Eschenlohe, St. Helena, altes Kirchlein über St. Pankraz, zweistöckige Pestkapelle St. Sebastian. Die Kirche von St. Walburg aus dem 16. Jh., St. Moritz, altes Quellenheiligtum, am sonnseitigen Talhang über dem Weiler Kuppelwies.

Der mächtige Bergkamm, der im Norden über dem Ultental aufragt, trägt mehrere schöne Gipfel, besonders besuchenswert sind aber die zwei Seengebiete, es handelt sich dabei um die drei Seen unter dem Peilstein und die zwei großen Kofelraster Seen unter dem Hohen Dieb. Durch den Kraftwerksbau im Schmiedhofer Tal kann man auf der Zufahrtsstraße bequem in das Tal gelangen. Der Aufstieg zu den Seen verkürzt sich dadurch um 1½ Std.

Bei den Kofelraster Seen.

Vom Parkplatz an der Straße zu den Kofelraster Seen: Direkt von der Straße führt der Waldsteig mäßig ansteigend in das Tal des Kofelraster Baches. An Hütten vorbei erreicht man die freien Almflächen und – aufwärts steigend – die Hochfläche mit der Kofelraster Alm. Im Kessel liegt ein verlandeter See. Über einen steileren Hang empor zum unteren See. Man wandert an seinem Ufer entlang und steigt über einen Hang hinauf zum zweiten oberen See. Der zweite See ist größer und von besonders schöner Farbe. Er ist von dunklen Felshängen umgeben. Von seinem Nordufer kann man auf dem Steig bis zur Jochhöhe aufsteigen, von wo man einen guten Blick nach Norden zu den Ötztaler Bergen und hinab ins Vinschgau genießt.

Zum Gipfel des Hohen Dieb: Der Hohe Dieb erhebt sich westlich über den Seen mit Gras- und Schotterhalden. Vom Joch aus über Steigspuren kann man ihn unschwierig erreichen.

Abstieg: Auf gleichem Weg zurück. Ein ehemals vielbegangener Weg führt von den Almen über die Riemerberglalm hinab zum Kreuzwirt in St. Walburg, lang, aber einsam und idyllisch.

48 Inneres Ultental

Wiesenwanderung im Tal

St. Gertraud – Laner – Urlärchen – St. Nikolaus – Gasteig – Schweig – St. Gertraud

Talorte: St. Gertraud, 1400 m, St. Nikolaus, 1250 m. Die beiden Orte liegen im innersten Ultental. Das äußere Ultental hat einen eher schluchtartigen Charakter, während hier der Talboden flacher ist und von Wiesenflächen eingenommen wird.
Die meisten Höfe liegen am Sonnenhang, oft weit droben an den Hängen, so die Flatschhöfe, die Jochmoarhöfe, 1700 m, und Pilsen als letzte Siedlung.
Ausgangspunkt: Ghs. Edelweiß an der Straße in St. Gertraud.
Parkmöglichkeit: Beim Ghs. Edelweiß.
Gehzeiten: St. Gertraud – Urlärchen – St. Nikolaus 1 Std. 20 Min., St. Nikolaus – St. Gertraud 1½ Std.
Anforderungen: Bequeme Wege, Fahrwege.
Höchster Punkt: Die Wanderung führt nur in den Talbereich auf einer Höhe von 1200 bis 1500 m.
Einkehrmöglichkeiten: In St. Gertraud und St. Nikolaus mehrere Gaststätten.
Sehenswertes: Kirchlein St. Moritz oberhalb von Kuppelwies über dem Westende des Zoggler Stausees. Älteste Kirche des Tales am alten Saumweg vom Nonstal ins Vinschgau.
St. Nikolaus, oberhalb des Ortes der alte Thurnerhof. Die Höfegruppe nördlich über St. Nikolaus, Schwienbacher. Ebenso die typische Holzbauweise an den Höfen Gasteig und Gschöra zwischen St. Nikolaus und St. Gertraud. Kirche St. Gertraud auf dem Hügel über dem Ort, aus dem 14. Jh. Die drei Urlärchen, angeblich 2000 Jahre alt, die dickste hat einen Umfang von acht Metern.

Berghöfe am Sonnenhang im innersten Ultental.

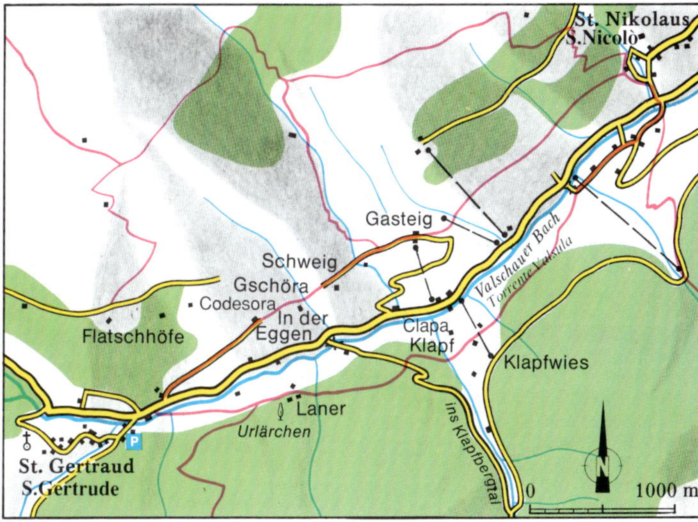

Ein Besuch des innersten Ultentales zeigt uns noch den ursprünglichen Charakter von Landschaft und Siedlung. Ab St. Nikolaus überwiegen die Häuser mit dörflichem Charakter. Wie Funde zeigen, war das Tal seit langer Zeit besiedelt, trotzdem ist es durch seine schwer zugängliche Lage lange abseits des großen Verkehrs geblieben.

Von St. Gertraud über die Höfe Laner nach St. Nikolaus: Beim Gasthaus Edelweiß (Parkplatz) zweigt die Straße nach St. Gertraud ab. Man kann auf ihr durch den Ort emporwandern zur Kirche, die mit dem stilvollen Friedhof einen schönen Aussichtspunkt bietet. Vom Parkplatz führt dann der Fahrweg durch Wiesen auf der rechten Talseite an den Höfen Laner aufwärts. Oben im Wald stehen die Urlärchen (Hinweisschild und Auskunftstafel). Man überquert dann die Forststraße, die ins Klapfbergtal führt, geht den Graben aus und erreicht St. Nikolaus. Die sehenswerten Schwienhöfe liegen nördlich über St. Nikolaus.

Von St. Nikolaus am Sonnenhang nach St. Gertraud: Wir gehen vom nördlichen Ortsrand, wo oberhalb der Pfarrkirche der Wanderweg beginnt, an der St. Nepomukkapelle vorbei am Sonnenhang talein. Über die Höfe Gasteig, Schweig und Eggen erreicht man wieder die Talstraße, die hineinführt zum Gasthaus Edelweiß.

49 Arzkar-Stausee, 2250 m, Marchegg Joch, 2514 m, Hasenöhrl, 3257 m

In die Hochgebirgswelt des Ultener Dreitausenders

Kuppelwieser Alm – Arzkar-Stausee – Hasenöhrl

Talort: St. Walburg im Ultental, 1200 m (vgl. Tour 46).
Ausgangspunkt: Kuppelwieser Alm, 1900 m, am Ende der befahrbaren Straße ins Schmiedhofer Tal. Straße zweigt westl. von St. Walburg bei km 22 (Hinweisschild »Schwemmalmlifte«) von der Talstraße nach rechts ab. In Kehren empor, dann talein, an der Talstation der Schwemmalmlifte vorbei in den innersten Talboden (Steinrastalm) und zur Kuppelwieser Alm.
Parkmöglichkeit: Bei Kuppelwieser Alm.
Gehzeiten: Kuppelwieser Alm – Parkplatz – Arzkar-Stausee 1 Std., Arzkar-Stausee – Hasenöhrl 3 – 3½ Std., Parkplatz – Jochhöhe westlich der Hohen Marchegg, Marcheggjoch 2 Std.
Abstieg: Hasenöhrl – Arzkar-Stausee 3¼ Std., Arzkar-Stausee – Parkplatz ¾ Std., Marcheggjoch – Parkplatz 2 Std.
Anforderungen: Zum Stausee Fahrweg und steile Steige. Zum Hasenöhrlgrat Steig und Steigspuren, dann leichte Kletterei über den Grat. Schwindelfreiheit und Trittsicherheit erforderlich. Geübte brauchen kein Seil. Gratanstieg anstrengend.
Höchste Punkte: Arzkar-Stausee, 2250 m, Marcheggjoch, 2507 m, Gipfel 3257 m.
Einkehrmöglichkeiten: Keine.
Sehenswertes: Der große Stausee inmitten einer wilden Felskulisse. Den Gletscher des Hasenöhrls sieht man erst ca. 1 Std. oberhalb des Stausees.

Liftstation Breiteben: Die Bergstation Breiteben der Schwemmalmlifte, 1900 m, ist Ausgangspunkt zahlreicher Wanderungen für den bequemen Nur-Bergab-Geher wie auch für den Gipfelstürmer. Talab nach St. Moritz oder nach St. Nikolaus. Bergan zum 2658 m hohen Muteck, einem Aussichtsberg hoch über St. Nikolaus und St. Walburg. (Markierte Wege.)

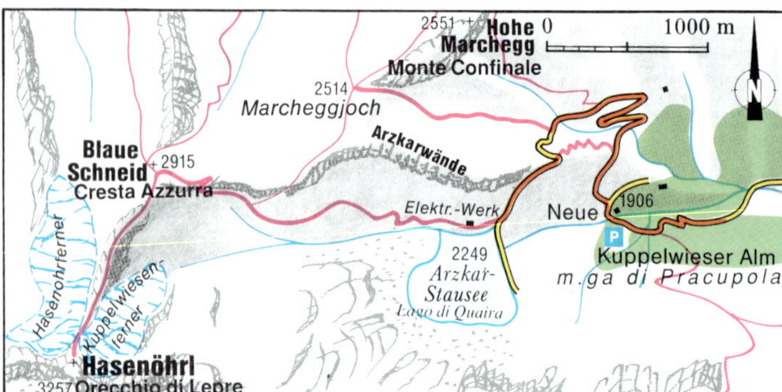

Gipfel des Hasenöhrl mit dem Nordostgrat. Links Kuppelwieser, rechts Hasenöhrlferner.

Vom Parkplatz zum Arzkar-Stausee: Auf der Straße bis hinter die Absperrschranke empor. Nun entweder auf der Fahrstraße bequem in weiten Kehren oder auf einem Steig (Hinweisschild) bald nach den Schranken links empor, zuletzt über die Straße zum See. Am See das Haus der E-Werksanlage, keine Einkehr.

Vom Parkplatz zum Joch westlich der Marchegg: Auf der Straße an der Schranke vorbei und weiter auf ihr in zwei großen Kehren aufwärts. Hier zweigen Wege ab: Nr. 11 zum Tarscher Paß, der zweite (H) führt steil gerade hinauf zum Grenzkamm (Marchegg).

Vom Arzkar-Stausee zum Hasenöhrl: Auf dem Weg am Nordufer des Sees hinein, dann auf einem Steig zuerst links des Grabens (orographisch rechts) hinauf; bei einer Wegabzweigung (Markierung auf einem Stein) rechts ab und steil gegen den Grenzkamm zum Vinschgau empor. Über den Gratkamm zum Beginn des langen Felsgrates, der hoch über dem Kuppelwiesferner im Osten und dem Hasenöhrlferner im Westen emporleitet bis unter den Gipfel. Am Beginn des Grates große Steinmanndln. Der Anstieg führt teilweise in der Westflanke, dann auf der Grathöhe über Blöcke und Platten etwas ausgesetzt bis unter den Gipfel. Hier betritt man den Ferner und steigt über das Firnfeld schräg aufwärts zum höchsten Punkt (Gipfelkreuz und Buch).

Abstieg auf gleichen Wegen.

50 Höchster Hütte, 2561 m

Abwechslungsreiche Hütten- und Almwanderung bis zum Fuß der Ortlerberge mit Glescherblick

Weißbrunner See – Höchster Hütte – Langsee – Weißbrunner Alm – Fischer See – Weißbrunn

Talort: St. Gertraud, 1400 m, im innersten Ultental. Beim Ghs. Edelweiß zweigt die Straße nach St. Gertraud von der Talstraße nach links ab. Geradeaus führt die Straße zum Weißbrunner See (Weißbrunn), 1900 m, empor.
Ausgangspunkt: Weißbrunn, 1900 m, über die Straße erreichbar. Stausee mit mehreren Gaststätten. Busverbindung mit dem Ultental.
Parkmöglichkeit: Mehrere Parkplätze am nordöstlichen Seeufer.
Gehzeiten: Weißbrunn – Höchster Hütte 1½ Std. Von St. Gertraud über den Fußweg Nr. 140 nach Weißbrunn 2 Std., Höchster Hütte – Langsee – Fischer See – Weißbrunn 3 Std.
Anforderungen: Gute, viel begangene Wanderwege, markiert.
Höchste Punkte: Höchster Hütte, 2561 m, Langsee, 2340 m, Fischer See, 2068 m.
Einkehrmöglichkeiten: In Weißbrunn, Höchster Hütte (auch Grünseehütte, Rif. U. Canziani).
Sehenswertes: Kirchlein St. Gertraud, die Berghöfe Jochmoar und Pilsen in der Nähe der Straße vor Erreichen von Weißbrunn auf 1700 m Höhe. Der große aufgestaute Grünsee unterhalb der Hütte.

Durch den Bau der Straße nach Weißbrunn (Stausee) ist dieses Gebiet zu einem der beliebtesten Ausflugs- und Wanderziele geworden. Von der Höchster Hütte oberhalb des großen Grünsees (ebenfalls ein Stausee) schöner Blick auf die Eggenspitzen, 3385 m und 3443 m.

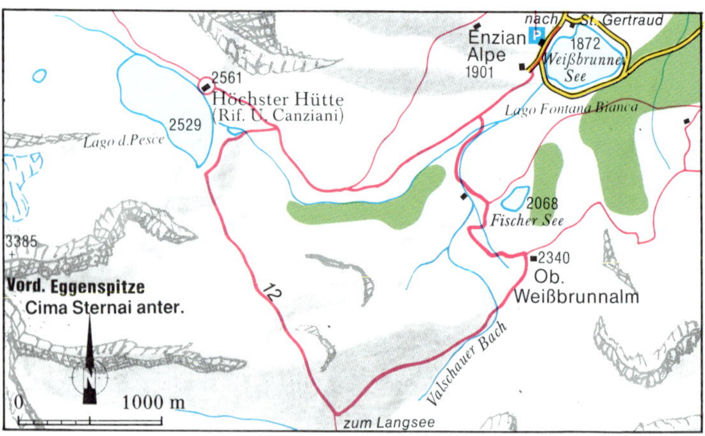

Über dem Weißbrunner See im Ultental.

Vom Weißbrunner See zur Höchster Hütte: Am Westende des Sees beginnt der gute Hüttenweg, der abwechslungsreich und gut angelegt zuerst durch Wald, dann in freiem Gelände emporführt zur neuen Höchster Hütte oberhalb des Grünsees. Die alte Alpenvereinshütte versank in den Fluten des Stausees.

Von der Höchster Hütte über die Seen nach Weißbrunn: Von der Hütte auf dem Anstiegsweg Nr. 12 kurz hinab, dann rechts ab und auf dem Weg zur Dammkrone des Stausees. Über sie und, jenseits die Hänge der Eggenspitze querend, hinab zum Langsee. Aus ihm fließt die wilde Falschauer, der Talbach des Ultentales, der bei Lana in die Etsch mündet. Der Weiterweg zweigt schon vor Erreichen des Langsees nach Nordosten ab und führt zuletzt über die Böden der Oberen Weißbrunner Alm zum Fischer See. Vom Fischer See führt ein Steig am Ufer entlang direkt nach St. Gertraud hinab. Wir gehen aber vom Südufer des Sees gleich links hinab durch schönen Zirbenwald zurück nach Weißbrunn.

Vom Weißbrunner See zum Nagelstein, 2469 m: Schöne Bergwanderung mit umfassender Fernsicht. Vom Südufer des Sees auf gut bezeichnetem Steig zur Fiecht-Alm, 2035 m. Von hier über die freien Hänge zum Nordrükken des Nagelstein. Über ihn steiler aufwärts, dann kurze, etwas ausgesetzte Querung in die Ostflanke und zum Gipfel. 2 Std. vom Weißbrunner See. Bez. Steig.

Kein Wunder, es ist GORE-TEX®.

GORE-TEX® ist ein eingetragenes Warenzeichen der W. L. GORE & Associates

Beim Klettern, Bergsteigen und Wandern jeden Augenblick genießen! Sich auch bei Wind und Wetter immer warm und trocken, fit und leistungsfähig fühlen. Kleidung mit GORE-TEX®-Funktion sorgt für perfekten Wetterschutz und bestmöglichen Klima-Komfort. Dafür steht die GORE-TEX® Jahresgarantie.

GORE-TEX® GARANTIE

Stichwortverzeichnis

Die Zahlen hinter den Begriffen sind Tourennummern; die in Klammern gesetzten sind Seitenzahlen. Bezeichnungen wie Hohe, Niedere, Große, Kleine usw. sind nachgestellt.

Wichtige Adressen und Telefonnummern

Vorwahl aus Deutschland/Schweiz 0039/473,
aus Österreich 040/473, aus Italien 0473

Verkehrsbüros:

Kurverwaltung
39012 Meran 35223

Touristik-Komitee
Meran-Burggrafenamt
Freiheitsstraße 45
39012 Meran 35223

39022 Algund	48600
39019 Dorf Tirol	93314
39011 Lana	51770
39025 Naturns	87287
39020 Partschins	97157
39017 Schenna	95669
39020 Marling	47147
39014 Burgstall	91343
39010 Hafling	99457
39010 Riffian-Kuens	41076
39010 Schnals	89148
39010 Tisens-Prissian	90822
39010 Tscherms	51015
39010 Vöran	59181
39010 St. Pankraz/Ultental	78171
39010 St. Walburg	79987
39010 St. Nikolaus	79129
39010 St. Gertraud	79117
39016 Ulten	79987
39013 Moos/Passeier	643558
39015 St. Leonhard/Passeier	86188
39010 St. Martin/Passeier	641210

Meldestelle bei Bergunfällen:

Büro AVS Meran 37134

Notizen

ROTHER WANDERFÜHRER

Achensee • Allgäu 1 • Appenzeller Land • Berchtesgadener Land • Bodensee • Bregenzerwald • Chiemgau • Dachstein • Dolomiten • Dolomiten 1 • Elbsandsteingebirge • Gardaseeberge • Innsbruck • Kaiser • Karwendel • Korsika • Meran • Montafon • Mont Blanc • Ostallgäu • Osttirol • Ötztal • Pinzgau • Salzkammergut • Stubai • Tannheimer Tal • Tatra • Tegernsee • Tessin • Vinschgau • Vorarlberg • Wallis • Wien • Wildschönau • Zillertal • Zugspitze

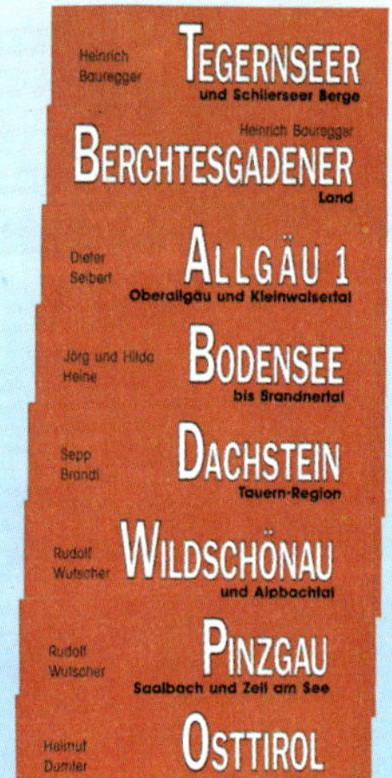

Bergverlag Rother • Landshuter Allee 49 • D-8000 München 19 • Tel. (089) 122130-10